이야기로 생각을 키우는

처음 독해·논술

1 이솝·탈무드·동화 편

미래스쿨콘텐츠연구소 지음 · 달콩 그림

미래주니어

매일 10분 독해·논술로
초등 '공부 힘' 키우기

아이들이 처음 배우는 '읽기'는 단순히 글자를 읽기만 하는 것이 아닙니다. 글자를 소리 내어 읽는 동시에 그 안에 담긴 뜻을 이해하고, 내용을 파악해야 합니다. 더욱이 문학 작품을 읽을 때는 주인공의 마음을 헤아리며, 나만의 생각으로 이어갈 수 있어야 비로소 '진짜 읽기'가 됩니다. 이처럼 처음 배우는 독해와 논술도 어떻게 시작하느냐에 따라 초등 공부의 뿌리인 읽고 쓰는 학습의 깊이가 달라집니다.

《처음 독해·논술》은 초등 입학 전에 꼭 익혀야 할 독해와 글쓰기의 기초를 주제별로 차근차근 배우는 독해·논술 학습서입니다. 이제 막 한글을 익히고 스스로 책을 읽기 시작했다면, 다음 단계에 알맞는 너무 어렵지 않은 독해와 논술 문제를 통해 단계별 학습을 진행해야 합니다.

《처음 독해·논술1》은 꼭 알아야 할 필수 문학을 통해 독해를 익히고 직접 짧은 글을 써 보며 논술의 기초를 탄탄히 배울 수 있는 책입니다. 아이의 눈높이에 맞춘 짧지만 흥미로운 글과 그림을 통해 생각을 확장하는 문제를 풀어 볼 수 있습니다. 한글 읽기와 쓰기를 이제 막 시작한 아이들도 처음 독해와 논술에 자연스럽게 적응할 수 있도록 구성했습니다.

이 책에서 다룬 간략한 이야기를 읽은

뒤 '왜 그랬을까?', '나라면 어떻게 할까?'와 같은 질문으로 생각을 이어가면, 아이는 스스로 이유를 찾고, 자기만의 답을 만들며, 생각을 말이나 글로 표현하는 힘을 기르게 됩니다. 각 이야기 뒤에는 주제를 깊이 생각하게 하는 질문과 간단한 답을 직접 써 보는 글쓰기 활동을 담았습니다.

문제 속 질문에 답하며 부모님과 대화를 나누어도 좋고, 아이가 쓴 글을 함께 읽고 칭찬해 주는 것도 좋습니다. 아이들은 이런 시간 속에서 사고력과 표현력이 크게 자란답니다.

초등 입학 후 아이들은 교과서를 중심으로 한글 읽기와 글쓰기를 본격적으로 시작합니다. 이때 기초 독해력과 자기 생각을 글로 옮기는 힘이 이미 길러져 있다면, 처음 시작하는 학교 생활에서 더 큰 자신감을 가질 수 있습니다. 반대로 이 시기를 놓치면 글을 읽고 이해하는 데 어려움을 겪어 학습 전반이 힘들어질 수 있습니다.

《처음 독해·논술1》은 하루 두 쪽씩, 한 달에 한 권을 완성하는 구성으로 아이의 첫 공부 습관을 잡아 주기 위한 맞춤형 교재입니다. 짧은 시간이지만 매일 꾸준히 읽고 쓰다 보면, 어느새 아이의 말이 달라지고 글이 달라지며, 생각이 깊어짐을 느낄 수 있습니다.

이 책의 구성과 특징

소리 내어 읽을 때마다 하나씩 체크해요!

1주차 1일 _ 문학 신문

소리 내어 읽기 ○ ○ ○

이솝 이야기 **개미와 베짱이**

어린이가 꼭 읽어야 할 필수 문학 작품을 소개했어요.

부지런한 개미와 놀기만 하는 베짱이

어느덧 찬바람이 불기 시작했다. 숲속 개미들은 겨울을 **대비**해 부지런히 **식량**을 모으느라 바쁘다.

하지만 베짱이는 일은 하지 않고, 춤추며 노래만 부르고 있었다. 그 모습을 본 개미들은 베짱이에게 말했다.

"지금 열심히 준비해야 겨울을 **날** 수 있어."

그러자 베짱이는 계속 노래를 부르며 대답했다.

"괜찮아, 나는 지금 당장 즐거우면 돼."

개미들은 그런 베짱이를 걱정스럽게 바라봤다.

너는 왜 일을 안 하니?

추운 겨울이 오면 베짱이는 어떻게 될까?

문장을 모두 '이다'체로 구성해 조금 더 수준 있는 글 읽기 연습이 가능해요.

글을 읽은 후 한 번 더 생각할 문제를 질문해요.

대비 : 앞으로 일어날 일을 미리 준비하는 것이에요. | **식량** : 사람이나 생물이 살기 위해 꼭 필요한 먹을거리예요.
나다 : 어떤 시간이나 계절을 보내는 것이에요.

단어 뜻을 자세히 알아보고 어휘력을 키워요.

1 개미의 특징을 다음 보기 에서 찾아 써 보세요.

❶ 개미는 몸집이 아주 ☐☐☐ .

❷ 개미는 항상 ☐☐ 를 찾아다녀요.

❸ 그래서 ☐☐☐ 한 곤충이에요.

보기   부지런   먹이   작아요

본문에 등장하는 동식물이나 사물 등을 자세히 알아보고 배경지식을 키워요.

2 왼쪽 글을 소리 내어 읽은 후 빈칸을 채워 보세요.

① 숲속 개미들은 겨울을 [　　　] 부지런히 [　　] 모으느라 바쁘다.

② "지금 열심히 준비해야 겨울을 [　] 수 있어."

③ 그러자 베짱이는 [　　] 노래를 부르며 대답했다.

④ 개미들은 그런 베짱이를 [　　　] 바라봤다.

본문의 내용을 따라쓰며 정확히 읽고 쓰는 연습을 해요.

3 추운 겨울이 왔을 때 베짱이는 어떤 생각을 할까요?

- 여전히 노래 부를 수 있어 행복해.
- 너무 일만 하는 개미들이 걱정되는군.
- 너무 춥고 배고파서 노래도 못하겠어.

본문을 정확하게 이해 했는지 확인해요. 알맞은 정답에 동그라미하세요.

4 내가 만약 베짱이라면, 겨울이 오기 전에 무엇을 할까요?

주제와 관련된 내 생각을 짧은 글로 표현해요.

# 차례

머리말 2　　　**이 책의 구성과 특징 4**

1주차　이솝·탈무드　논리와 지혜 배우기

1. 개미와 베짱이　부지런한 개미와 놀기만 하는 베짱이 **10**

2. 바람과 태양　바람과 태양의 힘겨루기 **12**

3. 황금알을 낳는 거위　황금알을 낳는 거위와 어리석은 농부 **14**

4. 양치기 소년과 늑대　거짓말쟁이 양치기 소년의 최후 **16**

5. 시골 쥐와 도시 쥐　조용한 시골 쥐와 화려한 도시 쥐 **18**

6. 사자와 생쥐　사자를 구해준 생쥐 **20**

7. 노인의 나무 심기　나무 심는 할아버지 **22**

2주차　전래 동화　정직과 진실 배우기

8. 흥부와 놀부　착한 흥부와 욕심 많은 놀부 **26**

9. 호랑이와 곶감　겁 많은 호랑이와 무서운 곶감 **28**

10. 혹부리 영감　도깨비에게 혹을 맡긴 영감 **30**

11. 콩쥐팥쥐　착한 콩쥐와 욕심 많은 팥쥐 **32**

12. 해님과 달님　해님과 달님이 된 남매 **34**

13. 견우와 직녀　칠석날에 만나는 견우와 직녀 **36**

14. 토끼전　토끼를 용궁에 데려간 거북 **38**

3주차　세계 명작　용기와 정직 배우기

15. 빨간 모자 숲에서 늑대를 만난 빨간 모자　**42**

16. 피노키오 코가 길어지는 피노키오　**44**

17. 브레멘 음악대 브레멘으로 가는 동물 친구들　**46**

18. 라푼젤 긴 머리 소녀 라푼젤　**48**

19. 오즈의 마법사 도로시와 오즈의 친구들　**50**

20. 알리바바와 40인의 도둑 보물 동굴을 발견한 알리바바　**52**

21. 플란더스의 개 착한 네로와 개 파트라슈　**54**

4주차　창작 동화　창의력과 자신감 키우기

22. 거꾸로 나라의 하루 아침이 밤이 되고, 밤이 아침이 되는 나라　**58**

23. 시간을 멈추는 시계 수지에게 생긴 마법 시계　**60**

24. 마음 색깔 분수 색깔로 알아보는 진짜 내 마음　**62**

25. 겁쟁이 도깨비 두려움을 이겨낸 두들깨비　**64**

26. 달나라에 간 고양이 루루와 함께한 신나는 달나라 여행　**66**

27. 나무가 사라진 마을 나무의 소중함을 깨달은 사람들　**68**

28. 나만 모르는 내 모습 거울 속 진짜 나　**70**

정답　**73**

1주차

★ 논리와 지혜 배우기 ★

이솝·탈무드

1주차 1일 _ 문학 신문

소리 내어 읽기

이솝·탈무드 | 개미와 베짱이

부지런한 개미와 놀기만 하는 베짱이

어느덧 찬바람이 불기 시작했다. 숲속 개미들은 겨울을 **대비**해 부지런히 **식량**을 모으느라 바쁘다.

하지만 베짱이는 일은 하지 않고, 춤추며 노래만 부르고 있었다. 그 모습을 본 개미들은 베짱이에게 말했다.

"지금 열심히 준비해야 겨울을 **날** 수 있어."

그러자 베짱이는 계속 노래를 부르며 대답했다.

"괜찮아, 나는 지금 당장 즐거우면 돼."

개미들은 그런 베짱이를 걱정스럽게 바라봤다.

너는 왜 일을 안 하니?

추운 겨울이 오면 베짱이는 어떻게 될까?

대비 : 앞으로 일어날 일을 미리 준비하는 것이에요. | **식량** : 사람이나 생물이 살기 위해 꼭 필요한 먹을거리예요.
나다 : 어떤 시간이나 계절을 보내는 것이에요.

1 개미의 특징을 다음 보기 에서 찾아 써 보세요.

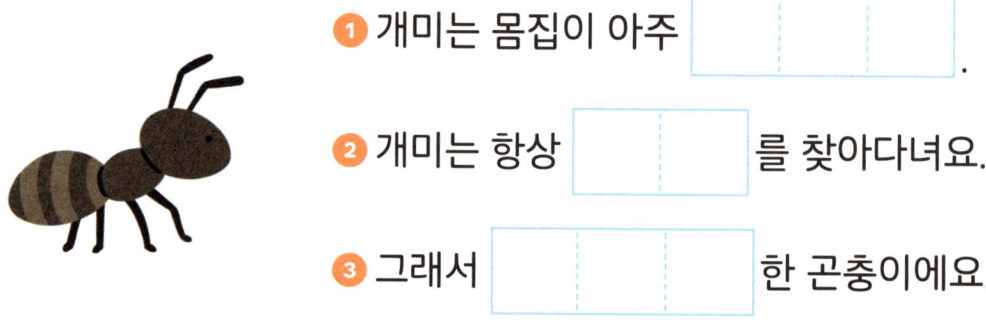

❶ 개미는 몸집이 아주 ☐☐☐ .

❷ 개미는 항상 ☐☐ 를 찾아다녀요.

❸ 그래서 ☐☐☐ 한 곤충이에요.

보기   부지런   먹이   작아요

2 왼쪽 글을 소리 내어 읽은 후 빈칸을 채워 보세요.

① 숲속 개미들은 겨울을 [   ] 부지런히 [   ] 모으느라 바쁘다.

② "지금 열심히 준비해야 겨울을 [   ] 수 있어."

③ 그러자 베짱이는 [   ] 노래를 부르며 대답했다.

④ 개미들은 그런 베짱이를 [   ] 바라봤다.

3 추운 겨울이 왔을 때 베짱이는 어떤 생각을 할까요?

- 여전히 노래 부를 수 있어 행복해.
- 너무 일만 하는 개미들이 걱정되는군.
- 너무 춥고 배고파서 노래도 못하겠어.

4 내가 만약 베짱이라면, 겨울이 오기 전에 무엇을 할까요?

1주차 2일 _ 문학 신문

소리 내어 읽기

이솝·탈무드　**바람과 태양**

바람과 태양의 힘겨루기

어느 날, 바람과 태양은 서로 누가 더 강한지 다투고 있었다. 그때 길을 걷는 한 남자를 보았다. 그러자 바람이 태양에게 말했다.
"그러면 저 남자의 **외투**를 벗기는 사람이 이기는 거야!"

바람은 세차게 바람을 불어댔다. 그러자 남자는 외투를 벗기는커녕 더욱 꽉 **여미고**는 힘겹게 걸어갔다.

"이제 내 차례군! 내가 해볼게."

태양은 부드럽게 햇볕을 비추기 시작했다. 갑자기 더워진 남자는 스스로 외투를 벗었다.

(말풍선: 내가 옷을 벗겨 주겠어!)

바람과 태양 중 진짜 힘이 센 자는 누구일까?

외투 : 추울 때 겉옷 위에 더 입는 옷이에요.
여미다 : 옷이나 천을 벌어진 곳 없이 단정하게 합치는 것이에요.

1 태양의 특징을 다음 보기 에서 찾아 써 보세요.

❶ 태양은 둥글고 ☐☐.

❷ 태양은 ☐과 열을 내요.

❸ 태양이 있으면 ☐☐☐ 따뜻해요.

보기　빛　커요　환하고

2 왼쪽 글을 소리 내어 읽은 후 빈칸을 채워 보세요.

① 어느 날, 바람과 태양은 서로 누가 더 ☐☐ 다투고 있었다.

② "그러면 저 남자의 ☐☐ 를 벗기는 사람이 이기는 거야!"

③ 그러자 남자는 외투를 ☐☐☐☐☐ 더욱 꽉 여미고는 힘겹게 걸어갔다.

④ 태양은 부드럽게 ☐☐ 을 비추기 시작했다.

3 바람과 태양은 왜 다투게 되었을까요?

- 누가 더 착한지 알려고
- 누가 더 강한지 알아보려고
- 누가 더 빠른지 겨루려고

4 바람과 태양 중 누구의 방법이 더 좋다고 생각하나요? 그 이유를 써 보세요.

1주차 3일 _ 문학 신문

이솝·탈무드 | 황금알을 낳는 거위

소리 내어 읽기 ○ ○ ○

황금알을 낳는 거위와 어리석은 농부

한 농부가 이상한 거위를 발견했다. 놀랍게도 그 거위는 매일 황금알을 하나씩 낳았다. 농부는 무척 기뻐하며 황금알을 모았다. 하지만 농부는 황금알이 하루에 하나씩만 나오는 것이 점점 **답답해졌다**.

"어쩌면 거위 배 속이 황금으로 **가득** 차 있을지도 몰라!"

농부는 더 많은 황금을 한번에 얻으려고 거위의 배를 갈라 보았다. 하지만 거위의 배 속에는 황금이 없었다.

결국 농부는 황금알도, 거위도 모두 잃고 말았다.

배 속이 황금으로 가득할 거야!

농부가 모든 것을 잃게 된 이유는 무엇일까?

답답하다 : 숨이 막힐 것처럼 갑갑하고 불편한 느낌이에요.
가득 : 어떤 곳이 꽉 찬 상태를 말해요.

1 거위의 특징을 다음 **보기** 에서 찾아 써 보세요.

① 거위는 몸이 크고 ☐ 이 길어요.

② 거위는 ☐ 소리를 내며 울어요.

③ 거위는 ☐ 을 낳아요.

보기   알   꽉꽉   목

2 왼쪽 글을 소리 내어 읽은 후 빈칸을 채워 보세요.

❶ 한 농부가 [　　　] 거위를 발견했다.

놀랍게도 그 거위는 매일 [　　　]을 하나씩 낳았다.

❷ 하지만 농부는 황금알이 하루에 하나씩만

나오는 것이 점점 [　　　　].

❸ "어쩌면 거위 배 속이 황금으로 [　　] 차 있을지도 몰라!"

❹ 결국 농부는 황금알도, 거위도 모두 [　　] 말았다.

3 농부는 왜 거위의 배를 갈랐을까요?

- 거위가 아파 보여서
- 거위 배 속에 황금이 많이 있을 것으로 생각해서
- 거위가 달아나려고 해서

4 농부가 욕심을 부리지 않았다면 어떻게 되었을까요?

1주차 4일 _ 문학 신문

소리 내어 읽기

이솝·탈무드 | 양치기 소년과 늑대

거짓말쟁이 양치기 소년의 최후

양치기 소년은 양 떼를 돌보며 매일 **지루한** 시간을 보냈다. 너무 심심한 양치기 소년은 마을 사람들을 놀래 주기 위해 큰 소리로 외쳤다.

"늑대다! 늑대가 나타났어요!"

깜짝 놀란 마을 사람들이 급히 달려와 보니, 늑대는커녕 양 떼가 **평온**하게 풀을 뜯고 있었다. 소년은 그런 장난을 여러 번 반복했다.

그러던 어느 날, 진짜로 늑대가 나타났다.

"늑대가 나타났어요! 이번에는 진짜라고요!"

소년은 겁에 질려 외쳤지만, 아무도 오지 않았다. 결국 양 떼는 늑대에게 모두 잡아먹히고 말았다.

마을 사람들이 아무도 오지 않은 이유는 무엇일까?

늑대가 나타났어요!

지루하다 : 같은 일이 계속되어서 재미가 없고 따분해요.
평온 : 걱정이나 불안이 없고 마음이 편안하다.

1 양의 특징을 다음 보기 에서 찾아 써 보세요.

① 양은 ☐ 이 복슬복슬 해요.

② 양은 '☐☐' 하고 울어요.

③ 양은 ☐ 을 먹어요.

보기   풀   털   메에

2 왼쪽 글을 소리 내어 읽은 후 빈칸을 채워 보세요.

① 양치기 소년은 양 떼를 돌보며 매일 ☐☐☐ 시간을 보냈다.

② ☐☐☐☐☐☐ 양 떼가 평온하게 풀을 뜯고 있었다.

③ 소년은 그런 ☐☐ 을 여러 번 반복했다.

④ 결국 양 떼는 ☐☐ 에게 모두 잡아먹히고 말았다.

3 마을 사람들이 처음 소년의 외침에 달려온 이유는 무엇인가요?

- 소년이 무서워 보여서
- 소년이 항상 진실만 말했기 때문에
- 소년이 늑대가 왔다고 크게 외쳐서

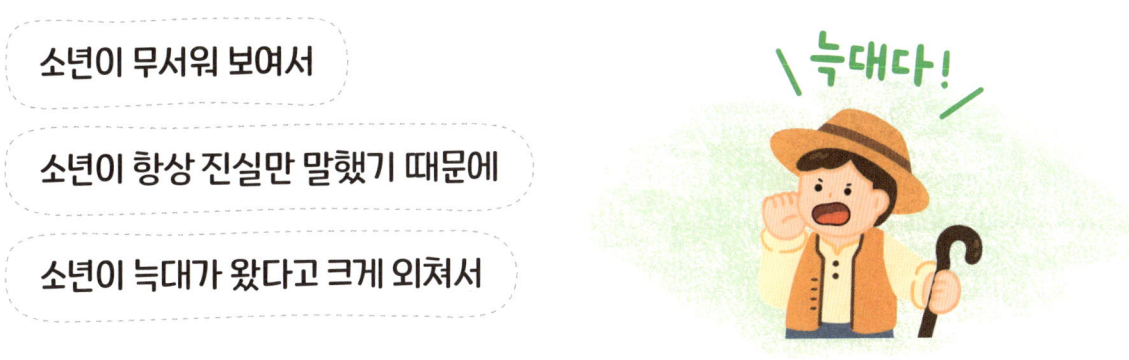

4 거짓말을 자꾸 하면 왜 믿을 수 없게 될까요?

1주차 5일 _ 문학 신문

이솝·탈무드 | 시골 쥐와 도시 쥐

조용한 시골 쥐와 화려한 도시 쥐

시골 쥐는 오랜 친구인 도시 쥐를 집으로 초대했다. 시골 쥐는 자신이 먹는 제일 좋은 곡식과 과일을 내놓으며 도시 쥐를 **대접했다**. 그러나 도시 쥐는 음식이 맛이 없다고 **투덜댔다**. 그리고 시골 쥐를 도시의 자기 집으로 초대했다.

며칠 후, 도시 쥐의 집을 방문한 시골 쥐는 화려한 음식들을 보고 입이 떡 벌어졌다. 하지만 갑자기 큰 소리가 나며 고양이가 나타났다. 시골 쥐는 겁에 잔뜩 질려 그 길로 시골로 도망쳤다. 집에 도착한 시골 쥐는 생각했다.

"안전하고 편안한 시골이 제일 좋아!"

시골 쥐가 도시보다 시골을 더 좋아하는 이유는 뭘까?

우리 집에 초대할게!

대접하다 : 손님이나 다른 사람에게 음식이나 물건을 잘 챙겨 주는 것이에요.
투덜대다 : 불만이 있거나 마음에 안 들어서 작은 소리로 불평하는 것이에요.

---

1 쥐의 특징을 다음 **보기** 에서 찾아 써 보세요.

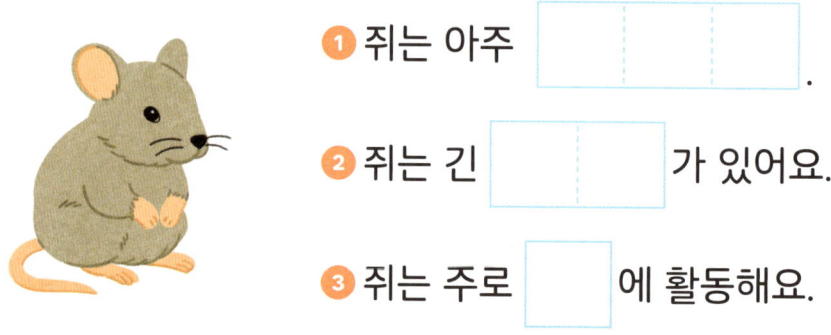

❶ 쥐는 아주 ☐☐ .

❷ 쥐는 긴 ☐☐ 가 있어요.

❸ 쥐는 주로 ☐ 에 활동해요.

보기   밤   꼬리   작아요

2 왼쪽 글을 소리 내어 읽은 후 빈칸을 채워 보세요.

① 시골 쥐는 오랜 친구인 도시 쥐를 집으로 ▢▢▢▢.

② 그러나 도시 쥐는 음식이 맛이 없다고 ▢▢▢▢.

③ 하지만 갑자기 큰 소리가 나며 ▢▢▢ 가 나타났다.

④ "안전하고 편안한 ▢▢ 이 제일 좋아!"

3 도시 쥐는 왜 시골 쥐의 음식이 맛없다고 했을까요?

- 도시에서 먹던 것과 달라서
- 시골 음식이 너무 짜서
- 곡식과 과일이 싫어서

4 여러분이 가장 편안하게 느끼는 공간은 어디인가요? 그 이유도 함께 써 보세요.

1주차 6일 _ 문학 신문

이솝·탈무드   사자와 생쥐

사자를 구해준 생쥐

조그마한 생쥐 한 마리가 잠자는 사자의 몸 위를 지나가다가 실수로 사자를 깨우고 말았다. 화가 난 사자는 생쥐를 잡아먹으려 했다. 그러자 생쥐는 이렇게 말했다.

"살려 주세요! 언젠가 제가 꼭 도와드릴게요!"

사자는 그런 생쥐가 **우스웠지만**, 그냥 놓아 주기로 했다.

며칠 뒤, 사자가 사냥꾼에게 잡혀 밧줄에 묶이고 말았다. 그때 생쥐가 나타나서 **날카로운** 이빨로 밧줄을 끊고 사자를 구했다. 무사히 도망친 사자는 생쥐에게 진심으로 고마워했다.

별볼일 없어 보이는 친구도 누군가에게 큰 도움이 될 때가 있을까?

정말 고맙구나!

우습다 : 뭔가 이상하거나 말도 안 돼서 웃기게 느껴지는 거예요.
날카롭다 : 끝이 뾰족하거나 잘 베일 것처럼 빳빳하고 강해요.

1 사자의 특징을 다음 보기 에서 찾아 써 보세요.

① 사자는 ☐☐ 가 있는 힘이 센 동물이에요.

② 사자는 '동물의 ☐ '이라고 불려요.

③ 사자는 ☐☐ 를 지어 살아요.

보기   왕   갈기   무리

2 왼쪽 글을 소리 내어 읽은 후 빈칸을 채워 보세요.

① 화가 난 사자는 [　　　]를 잡아먹으려 했다.

② "살려 주세요! [　　　] 제가 꼭 도와드릴게요!"

③ 며칠 뒤, 사자는 사냥꾼에게 잡혀 [　　　]에 묶이고 말았다.

④ 그때 생쥐가 나타나서 [　　　] 이빨로 밧줄을 끊고 사자를 구했다.

3 사자는 처음에 생쥐의 말을 듣고 어떻게 생각했나요?

- 진심으로 감동했다.
- 무서워했다.
- 우습게 여겼다.

4 부모님이나 친구를 도와준 경험이 있나요? 그때 기분이 어땠나요?

1주차 7일 _ 문학 신문

소리 내어 읽기 ○ ○ ○

이솝·탈무드 | 노인의 나무 심기

나무 심는 할아버지

한 할아버지가 밭에 나무를 **심고** 있었다. 지나가던 사람이 나무에 언제 **열매**가 열리는지 물었다. 그러자 할아버지는 아마 자신이 살아 있을 때는 못 먹을 거라고 했다. 그런데도 왜 나무를 심는지 묻자 할아버지는 웃으며 말했다.

"어렸을 때 우리 집 마당에도 나무가 있었단다. 그 나무는 아버지가 오래 전에 심으신 거야. 나는 그 나무에서 맛있는 과일을 많이 따 먹었지. 이제는 내가 나무를 심어야 해. 나처럼 다른 누군가도 나중에 열매를 따 먹을 수 있도록 말이야."

할아버지가 심은 나무의 열매는 누구를 위한 것일까?

할아버지 왜 나무를 심어요?

심다 : 씨앗이나 나무를 땅에 넣고 자라게 하는 거예요.
열매 : 나무나 식물에서 열리는 것으로 씨를 보호하는 역할을 해요.

---

1 나무의 특징을 다음 보기 에서 찾아 써 보세요.

❶ 나무는 ☐ 이 피고 열매도 맺어요.

❷ 나무는 ☐ , 줄기, 가지 잎으로 이루어져요.

❸ 나무는 쉴 수 있는 ☐ 을 만들어 줘요.

보기   그늘   뿌리   꽃

2 왼쪽 글을 소리 내어 읽은 후 빈칸을 채워 보세요.

① 한 할아버지가 밭에 나무를 ☐☐ 있었다.

② 그런데도 왜 나무를 ☐☐ 묻자 할아버지는 웃으며 말했다.

③ "내가 어렸을 때 우리 집 ☐☐ 에도 나무가 있었단다."

④ "나처럼 다른 누군가도 ☐☐☐ 열매를 따 먹을 수 있도록 말이야."

3 할아버지는 왜 나무를 심었나요?

- 직접 열매를 따 먹으려고
- 나무를 선물하려고
- 누군가 열매를 따 먹으라고

4 다른 누군가를 위해 나무를 심는 할아버지에게 감사 편지를 써 보세요.

2주차

⭐ 정직과 진실 배우기 ⭐

전래 동화

2주차 8일 _ 문학 신문

전래 동화 | 흥부와 놀부

소리 내어 읽기

착한 흥부와 욕심 많은 놀부

옛날에 흥부와 놀부라는 형제가 살았다. 형 놀부는 **욕심**이 많고 못되었고, 동생 흥부는 착하고 마음씨가 고왔다.

어느 날, 흥부는 다리가 부러진 제비를 정성껏 돌봐주었다. 제비는 봄이 되자 다시 날아갔고, 얼마 후에 박씨 하나를 물어다 주었다.

그 씨앗을 심었더니 박이 열렸고, 그 박 안에서는 **금은보화**와 맛있는 음식이 가득 나왔다. 이 소식을 들은 놀부는 일부러 제비 다리를 부러뜨린 후 대충 치료해 주고 박씨를 얻었다. 하지만 놀부가 키운 박에서는 도깨비가 튀어나와 놀부를 혼내 주었다.

제비가 복을 가져왔어요!

흥부는 왜 복을 받고, 놀부는 혼쭐이 났을까?

욕심 : 자기만 더 많이 가지려고 하는 마음이에요.
금은보화 : 금, 은, 옥, 진주 따위의 매우 귀중한 물건이에요.

1 박의 특징을 다음 보기 에서 찾아 써 보세요.

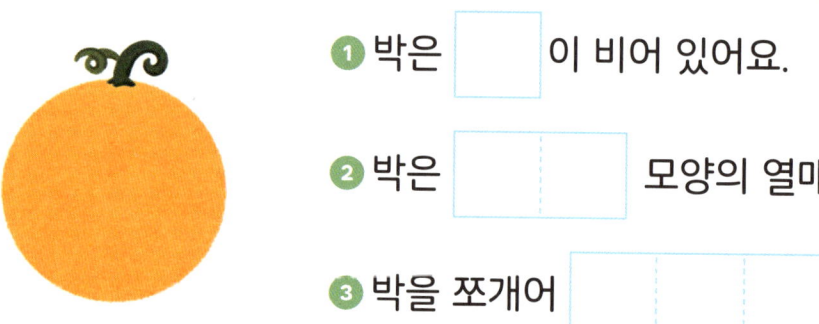

❶ 박은 ☐ 이 비어 있어요.

❷ 박은 ☐ 모양의 열매예요.

❸ 박을 쪼개어 ☐ 로 써요.

보기   둥근   바가지   속

2 왼쪽 글을 소리 내어 읽은 후 빈칸을 채워 보세요.

① 형 놀부는 [　　　]이 많고 못되었고,

　동생 흥부는 착하고 [　　　]가 고왔다.

② 어느 날, 흥부는 다리가 부러진 제비를 [　　　] 돌봐주었다.

③ 그 박 안에서는 [　　　]와 맛있는 음식이 가득 나왔다.

④ 놀부가 키운 박에서는 [　　　]가 튀어나와 놀부를 혼내 주었다.

3 흥부는 왜 제비를 도와주었나요?

- 제비를 키우려고
- 다친 제비를 돕고 싶어서
- 박씨를 받고 싶어서

4 놀부처럼 자기 욕심만 부리면 어떤 일이 생길까요?

2주차 9일 _ 문학 신문

전래 동화 | 호랑이와 곶감

겁 많은 호랑이와 무서운 곶감

몹시 배가 고픈 호랑이가 아기 울음소리가 들리는 어느 집 앞으로 **살금살금** 다가갔다. 아기가 계속 울자 엄마가 말했다.
"얘야, 울지 마! 울면 호랑이가 온다!"
하지만 아기는 울음을 멈추지 않았다. 그러자 엄마가 다시 말했다.
"자, 여기 곶감이다. 이제 그만 뚝!"
그러자 아기는 울음을 뚝 그쳤다. 호랑이는 깜짝 놀랐다.
'나보다 곶감이 더 **무시무시**한 가 봐!'
때마침 소도둑이 호랑이를 소로 착각하고 등 위에 턱 올라탔다. 그러자 호랑이는 곶감이 온 줄 알고 깜짝 놀라 도망쳤다.

곶감 여기 있다! 뚝!

호랑이는 왜 곶감을 무서워했을까?

살금살금 : 남이 알아차리지 못하도록 눈치를 살펴 가면서 살며시 행동하는 모양이에요.
무시무시 : 몹시 무서운 느낌을 말해요.

---

1 호랑이의 특징을 다음 〈보기〉에서 찾아 써 보세요.

① 호랑이는 몸집이 크고 ☐ 이 세요.

② 호랑이는 ☐ 에서 살아요.

③ 호랑이는 몸에 ☐☐☐ 가 있어요.

〈보기〉 산   힘   줄무늬

2 왼쪽 글을 소리 내어 읽은 후 빈칸을 채워 보세요.

① 몹시 배가 고픈 호랑이가 아기 [　　　]가 들리는 어느 집 앞으로 살금살금 다가갔다.

② "얘야, 울지 마! 울면 [　　　]가 온다!"

③ '나보다 [　　]이 더 무시무시한 가 봐!'

④ 때마침 [　　　]이 호랑이를 소로 착각하고 등 위에 턱 올라탔다.

3 호랑이가 마을로 내려온 이유는 무엇인가요?

- 놀고 싶어서
- 몹시 배가 고파서
- 곶감을 구하러

4 호랑이가 생각하는 곶감은 어떤 것이었을까요?

도깨비에게 혹을 맡긴 영감

어느 날, 착한 **혹부리** 영감이 산에 나무를 하러 갔다가 비를 피해 동굴로 들어갔다. 그곳에는 도깨비들이 노래하고 춤을 추며 놀고 있었다. 영감도 신이 나서 함께 춤을 췄고, 도깨비들은 그의 춤을 재미있어 했다.

"영감을 내일 또 오게 하자! 이 혹은 우리가 맡아 둘게!"

도깨비들은 영감의 혹을 가져가며 말했다.

다음 날, 이 소식을 들은 욕심 많은 다른 혹부리 영감도 산에 갔다. 그리고 일부러 도깨비 앞에서 춤을 췄지만, 도깨비들은 그 영감의 춤이 재미없다며 화를 냈다. 결국, 도깨비들은 그 영감의 얼굴에 혹을 하나 더 붙이고 말았다.

두 혹부리 영감의 차이는 무엇일까?

나도 같이 놀아 볼까나!

혹부리 : 얼굴이나 목에 혹이 달린 사람을 놀림조로 이르는 말이에요.

---

1 도깨비의 특징을 다음 보기 에서 찾아 써 보세요.

① 도깨비는 ☐ 이 달렸어요.

② 도깨비는 ☐ 을 좋아해요.

③ 도깨비는 ☐ 가 있어요.

보기   장난   방망이   뿔

2 왼쪽 글을 소리 내어 읽은 후 빈칸을 채워 보세요.

① 어느 날, 착한 혹부리 영감이 산에 나무를 하러 갔다가 비를 피해 ☐☐ 로 들어갔다.

② 그곳에는 ☐☐☐ 들이 노래하고 춤을 추며 놀고 있었다.

③ "영감을 내일 또 오게 하자! 이 혹은 우리가 ☐☐ 둘게!"

④ 결국, 도깨비들은 그 영감의 얼굴에 ☐ 을 하나 더 붙이고 말았다.

3 도깨비들은 왜 착한 영감의 혹을 가져갔나요?

- 영감을 다시 오게 하려고
- 영감이 무섭게 생겨서
- 혹이 필요해서

4 여러분은 욕심을 부리다가 오히려 손해를 본 적이 있나요?

2주차 11일 – 문학 신문

소리 내어 읽기

| 전래 동화 | 콩쥐팥쥐 |

착한 콩쥐와 욕심 많은 팥쥐

아버지와 함께 살고 있던 콩쥐에게 새엄마와 팥쥐라는 언니가 생겼다. 새엄마와 팥쥐는 콩쥐에게 힘든 일만 시키고 갖은 **구박**을 했다.

어느 날, 마을에서 큰 **잔치**가 열렸다. 새엄마는 콩쥐에게 집안일을 다 해야 잔치에 갈 수 있다고 했다. 결국 잔치에 가지 못한 콩쥐가 울고 있을 때, 하늘에서 선녀가 나타났.

선녀는 착한 콩쥐가 일을 빨리 마칠 수 있도록 도와주고, 예쁜 옷과 신발도 주었다. 콩쥐는 예쁜 모습으로 잔치에 갔고, 즐거운 시간을 보냈다. 그리고 착한 마음을 가진 사람을 만나 행복하게 살게 되었다.

착한 콩쥐를 도와줘야겠구나!

선녀가 콩쥐를 도와준 이유는 무엇일까?

구박 : 싫은 말이나 행동으로 자꾸 괴롭히는 거예요.
잔치 : 기쁜 날을 함께 축하하며 맛있는 걸 먹고 즐겁게 노는 거예요.

1 선녀의 특징을 다음 〈보기〉에서 찾아 써 보세요.

① 선녀는 ☐☐☐ 을 입고 있어요.

② 선녀는 ☐☐ 에서 내려와요.

③ 선녀는 ☐☐ 사람을 도와줘요.

〈보기〉   하늘   착한   날개옷

2 왼쪽 글을 소리 내어 읽은 후 빈칸을 채워 보세요.

① 새엄마와 팥쥐는 콩쥐에게 ▢▢ 일만 시키고 갖은 구박을 했다.

② 어느 날, 마을에서 큰 ▢▢▢ 가 열렸다.

③ 결국 잔치에 가지 못한 콩쥐가 울고 있을 때, 하늘에서 ▢▢ 가 나타났다.

④ 콩쥐는 예쁜 모습으로 잔치에 갔고, ▢▢▢ 시간을 보냈다.

3 콩쥐는 왜 잔치에 갈 수 없었나요?

- 콩쥐가 잔치를 싫어해서
- 새엄마가 시킨 집안일을 해야 해서
- 길을 몰라서

4 만약 여러분 앞에 선녀가 나타난다면, 어떤 도움을 받고 싶나요?

2주차 12일 _ 문학 신문

전래 동화 | 해님과 달님

해님과 달님이 된 남매

깊은 산속에 착한 오누이가 어머니와 함께 살고 있었다.

어느 날, 어머니는 떡을 팔러 먼 **장터**에 다녀오다가 호랑이에게 잡아먹히고 말았다. 호랑이는 엄마의 옷을 입고 엄마인 척하며, 오누이의 집으로 찾아갔다. 그러나 오누이는 호랑이의 목소리와 손을 보고 엄마가 아니라는 것을 눈치챘다. 몰래 집을 빠져나온 오누이는 나무 위로 도망쳤지만, 호랑이는 나무 위까지 쫓아왔다.

겁이 난 오누이가 하늘을 향해 간절히 빌었더니, 하늘에서 **동아줄**이 내려왔다. 오누이는 그 줄을 타고 하늘로 올라갔고, 그 뒤로 해님과 달님이 되어 우리를 지켜보게 되었다.

호랑이는 그 이후 어떻게 되었을까?

우리가 낮과 밤을 지켜 주자!

장터 : 물건을 사고파는 사람들이 모이는 곳이에요.
동아줄 : 동아로 만든 길고 튼튼한 줄이에요. 동아는 덩굴성 식물이에요.

---

1 달의 특징을 다음 보기 에서 찾아 써 보세요.

① 달은 [ ]에 떠 있어요.

② 달은 매일 [ ]이 조금씩 달라져요.

③ 달은 [ ]의 둘레를 계속 돌아요.

보기   지구   모양   밤하늘

2 왼쪽 글을 소리 내어 읽은 후 빈칸을 채워 보세요.

① [　　] 산속에 착한 오누이가 어머니와 함께 살고 있었다.

② 그러나 [　　　] 는 호랑이의 목소리와 손을 보고 엄마가 아니라는 것을 눈치챘다.

③ 몰래 집을 빠져나온 오누이는 나무 위로 도망쳤지만, 호랑이는 따라 나무 위까지 [　　　].

④ 겁이 난 오누이가 하늘을 향해 간절히 빌었더니, 하늘에서 [　　　] 이 내려왔다.

3 오누이의 엄마는 왜 집에 돌아오지 못했나요?

- 길을 잃어서
- 호랑이에게 잡아먹혀서
- 떡을 다 못 팔아서

4 하늘에서 오누이에게 동아줄을 내려준 이유는 무엇일까요?

전래 동화 | 견우와 직녀

칠석날에 만나는 견우와 직녀

하늘나라에 소를 잘 돌보는 견우와 베를 잘 짜는 직녀라는 사람이 살았다. 두 사람은 너무 열심히 일하느라 결혼도 못 하고 혼자 지냈다. 하늘의 임금인 옥황상제는 두 사람이 안쓰러워 결혼을 시켜 주었다.

그런데 결혼을 하자 두 사람은 일을 하지 않고 놀기만 했다. 화가 난 옥황상제는 견우와 직녀를 하늘의 양쪽 끝으로 떨어뜨려 놓았다. 서로를 볼 수 없게 된 두 사람은 매일 울기만 했다.

그 모습을 안타깝게 여긴 까마귀와 까치는 하늘로 날아올라 '오작교'라는 다리를 놓아 주었다. 그래서 견우와 직녀는 칠석날(7월 7일) 하루만 다리를 건너 만날 수 있었다.

오작교를 놓아 준 까치와 까마귀의 마음은 어땠을까?

불쌍한 견우와 직녀를 만나게 해 주자!

베 : 옷이나 이불을 만들 때 쓰는 천이에요. 직녀가 베틀로 짜던 천이 바로 베예요.
오작교 : 까마귀와 까치가 만들어준 하늘의 다리예요.

1 까마귀의 특징을 다음 보기 에서 찾아 써 보세요.

① 까마귀는 [　　] 깃털을 가졌어요.

② 까마귀는 '[　　　　]' 하고 울어요.

③ 까마귀는 [　　]가 똑똑한 새예요.

보기   까악까악   머리   검은

2 왼쪽 글을 소리 내어 읽은 후 빈칸을 채워 보세요.

① 두 사람은 너무 열심히 일하느라 [　　　]도 못 하고 혼자 지냈다.

② 하늘의 임금인 [　　　　]는 두 사람이 안쓰러워 결혼을 시켜 주었다.

③ 화가 난 옥황상제는 견우와 [　　　]를 하늘의 양쪽 끝으로 떨어뜨려 놓았다.

④ 그래서 견우와 직녀는 [　　　] 하루만 다리를 건너 만날 수 있었다.

3 견우와 직녀는 어떤 일을 잘했나요?

- 집 짓기와 요리하기
- 그림 그리기와 노래하기
- 소 돌보기와 베 짜기

4 견우와 직녀가 서로를 못 만나게 되었을 때 어떤 기분이었을까요?

전래 동화 | 토끼전

토끼를 용궁에 데려간 거북

아주 옛날, 바닷속 용왕님이 병이 들었다. 토끼의 간을 먹어야 낫는다는 말에, 똑똑한 거북은 땅 위로 올라와 토끼를 찾아갔다.

"용궁에 가면 멋진 궁전도 구경하고, 맛있는 음식도 먹을 수 있어!"

그렇게 거북은 토끼를 꾀어 용궁으로 데려갔다. 하지만 용궁에 도착한 토끼는 자기가 간 때문에 잡혀 온 걸 알고, 재빨리 **꾀**를 내어 말했다.

"앗! 간을 집에 두고 왔습니다. 빨리 가서 가져오겠습니다."

용왕님은 **흔쾌히** 토끼를 보내 주었다. 그러나 토끼는 바닷속에서 땅 위로 나오자마자 멀리 도망쳤다.

토끼는 어떻게 위기를 벗어날 수 있었을까?

꾀 : 어려운 일을 잘 해결하려고 생각해 내는 똑똑한 방법이에요.
흔쾌히 : 기분 좋게, 싫어하지 않고 기꺼이 하는 거예요.

---

1 토끼의 특징을 다음 보기 에서 찾아 써 보세요.

① 토끼는 ☐ 가 길어요.

② 토끼는 '☐☐☐☐' 뛰어요.

③ 토끼는 풀과 ☐☐ 을 먹어요.

보기 당근   깡총깡총   귀

2 왼쪽 글을 소리 내어 읽은 후 빈칸을 채워 보세요.

① " [　　　] 에 가면 멋진 궁전도 구경하고, 맛있는 음식도 먹을 수 있어!"

② 그렇게 거북은 토끼를 [　　　] 용궁으로 데려갔다.

③ 하지만 용궁에 도착한 토끼는 자기가 [　] 때문에 잡혀 온 걸 알고, 재빨리 꾀를 내어 말했다.

④ 그러나 토끼는 바닷속에서 땅 위로 나오자마자 멀리 [　　　　] .

3 용왕님은 왜 토끼를 찾았나요?

- 친구가 되고 싶어서
- 토끼의 간이 필요해서
- 토끼가 멋있어서

4 여러분이 토끼라면 어떤 꾀를 내어 용궁에서 탈출했을까요?

3주차

★ 용기와 정직 배우기 ★

세계 명작

3주차 15일 _ 문학 신문

소리 내어 읽기

세계 명작 | 빨간 모자

숲에서 늑대를 만난 빨간 모자

옛날에 '빨간 모자'라고 불리는 착한 소녀가 있었다. 어느 날, 빨간 모자는 숲길을 걷다가 무서운 늑대를 만났다. 빨간 모자는 늑대가 나쁜 동물인지 몰라 아픈 할머니 댁에 간다고 솔직히 말해 주었다. 그 말을 들은 늑대는 먼저 할머니 집에 가서 할머니를 **삼키고**, 할머니인 척 침대에 누워 있었다. 곧 도착한 빨간 모자는 그 모습이 이상해서 물었다.

"할머니, 입이 왜 그렇게 커요?"

"너를 잘 잡아먹으려고!"

늑대가 빨간 모자를 삼킨 순간, **사냥꾼**이 나타나 늑대 배 속에서 빨간 모자와 할머니를 꺼내 주었다.

늑대는 왜 할머니 침대에 누워 있었을까?

삼키다 : 음식이나 물건을 꿀꺽 입속으로 넘기는 거예요.
사냥꾼 : 산이나 숲에서 동물들을 잡는 사람이에요.

1 늑대의 특징을 다음 보기 에서 찾아 써 보세요.

❶ 늑대는 날카로운 ☐☐ 을 가지고 있어요.

❷ 늑대는 ☐☐ 지어 사냥해요.

❸ 늑대는 '☐☐' 하고 울어요.

보기   아우   무리   이빨

2 왼쪽 글을 소리 내어 읽은 후 빈칸을 채워 보세요.

① 옛날에 '☐☐ 모자'라고 불리는 착한 소녀가 있었다.

② 빨간 모자는 ☐☐가 나쁜 동물인지 몰라 아픈 할머니 댁에 간다고 솔직히 말해 주었다.

③ 그 말을 들은 늑대는 먼저 할머니 집에 가서 할머니를 ☐☐☐, 할머니인 척 침대에 누워 있었다.

④ 늑대가 빨간 모자를 삼킨 순간, ☐☐☐이 나타나 늑대 배 속에서 빨간 모자와 할머니를 꺼내 주었다.

3 빨간 모자는 누구를 만나러 가는 길이었나요?

- 친구를 만나러 가는 길
- 사냥꾼을 만나러 가는 길
- 할머니를 만나러 가는 길

4 늑대가 나쁜 동물인지 알았다면 빨간 모자는 어떻게 했을까요?

3주차 16일 _ 문학 신문

소리 내어 읽기

세계 명작 | 피노키오

코가 길어지는 피노키오

목수인 제페토 할아버지는 혼자 **외롭게** 살고 있었다. 어느 날, 나무로 인형을 만들어 '피노키오'라는 이름을 붙였다. 놀랍게도 그 인형은 진짜 사람처럼 움직이고 말할 수 있었다.

하지만 피노키오는 나쁜 사람들의 말에 속아 **모험**을 떠났다. 그때부터 피노키오는 거짓말을 할 때마다 코가 점점 길어졌다.

결국 피노키오는 고래 배 속에서 탈출하고 나서야 자기 잘못을 깨달았다. 그리고 제페토 할아버지에게 용서를 빌었다. 그러자 하늘에서 요정이 나타나 피노키오를 진짜 사람으로 만들어 주었다.

너를 이제부터 피노키오라고 부르마.

피노키오는 왜 거짓말을 하면 코가 길어졌을까?

외롭다 : 혼자 있어서 심심하고 친구가 그리운 기분이에요.
모험 : 새롭고 신나는 일을 해보는 거예요. 때로는 위험할 수도 있어요.

1 고래의 특징을 다음 보기 에서 찾아 써 보세요.

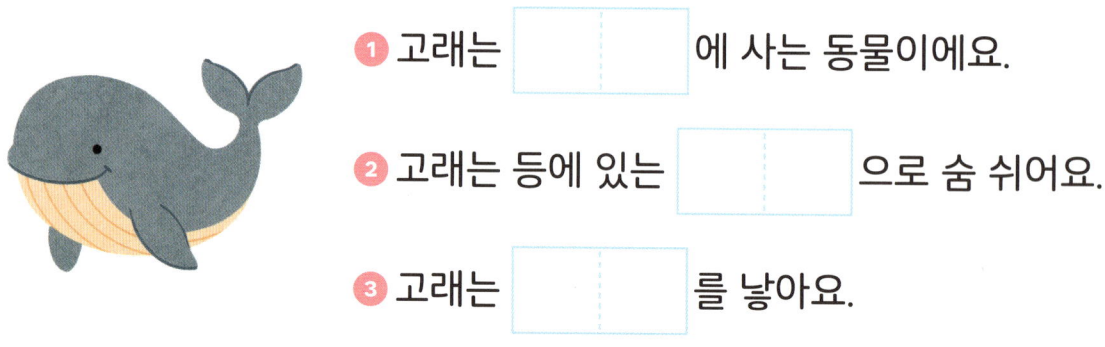

① 고래는 ☐☐ 에 사는 동물이에요.

② 고래는 등에 있는 ☐☐ 으로 숨 쉬어요.

③ 고래는 ☐☐ 를 낳아요.

보기 구멍   새끼   바다

2 왼쪽 글을 소리 내어 읽은 후 빈칸을 채워 보세요.

① 어느 날, 나무로 인형을 만들어 '☐☐☐☐'라는 이름을 붙였다.

② 하지만 피노키오는 나쁜 사람들의 말에 속아 ☐☐을 떠났다.

③ 그때부터 피노키오는 ☐☐☐을 할 때마다 코가 점점 길어졌다.

④ 그러자 하늘에서 요정이 나타나 피노키오를 진짜 ☐☐으로 만들어 주었다.

3 피노키오는 누가 만들었나요?

- 요정
- 제페토 할아버지
- 고래

4 거짓말을 할 때 피노키오는 어떤 마음이었을까요?

3주차 17일 _ 문학 신문

소리 내어 읽기 ○○○

세계 명작 | 브레멘 음악대

브레멘으로 가는 동물 친구들

주인에게 쫓겨날 위기에 놓인 늙은 당나귀가 브레멘에 가서 **음악가**가 되기로 결심했다. 길을 가던 당나귀는 늙은 사냥개, 고양이, 수탉을 차례로 만났다. 이 동물들도 모두 **쓸모없다**고 버림받을 뻔한 친구들이었다. 그렇게 모인 넷은 함께 브레멘으로 가는 여행을 시작했다.

밤이 되었을 때 동물들은 불이 켜진 집을 발견했다. 그런데 그 집에는 도둑들이 있었다. 동물들은 당나귀 위에 개, 고양이, 수탉이 차례로 올라가서 큰 소리를 지르며 집으로 뛰어들었다. 깜짝 놀란 도둑들은 모두 도망쳤다. 그 집이 마음에 든 동물들은 브레멘으로 가지 않고 그곳에서 함께 행복하게 살았다.

힘이 약한 동물들이 힘을 모으면 어떤 일이 일어날까?

나는 음악가가 될 거야.

음악가 : 노래를 부르거나 악기를 연주하는 사람이에요.
쓸모없다 : 아무도 쓰지 않고 필요 없다고 여겨지는 거예요.

1 당나귀의 특징을 다음 보기 에서 찾아 써 보세요.

❶ 당나귀는 ☐ 처럼 생긴 동물이에요.

❷ 당나귀는 튼튼해서 ☐ 을 잘 날라요.

❸ 당나귀는 ☐ 가 길고 커요.

보기   귀   짐   말

2 왼쪽 글을 소리 내어 읽은 후 빈칸을 채워 보세요.

① 주인에게 쫓겨날 위기에 놓인 늙은 [　　　]가 브레멘에 가서 음악가가 되기로 결심했다.

② 이 동물들도 모두 쓸모없다고 [　　　] 뻔한 친구들이었다.

③ 그렇게 모인 넷은 함께 [　　　]으로 가는 여행을 시작했다.

④ 동물들은 당나귀 위에 개, 고양이, [　　　]이 차례로 올라가서 큰 소리를 지르며 집으로 뛰어들었다.

3 당나귀는 왜 집을 떠나게 되었나요?

- 여행이 하고 싶어서
- 주인에게 쫓겨날 위기에 처해서
- 브레멘에서 친구를 만나려고

4 혼자였을 때는 무섭고 약했지만, 여럿이 함께하자 용기가 났던 경험이 있나요?

3주차 18일 _ 문학 신문

세계 명작 | 라푼젤

긴 머리 소녀 라푼젤

옛날에 가난한 부부가 살고 있었다. 아내가 아기를 가졌을 때, 남편은 마녀의 밭에서 상추를 따다가 마녀에게 들켰다. 마녀는 상추를 주는 대신 태어날 아기를 데려가겠다고 했다. 그 후 태어난 아기는 '라푼젤'이라는 이름을 갖고, 마녀의 높은 **탑**에 **갇혀** 살게 되었다.

라푼젤은 머리가 아주 길었고, 탑에는 문이 없었다. 어느 날 한 왕자가 라푼젤을 보고 한눈에 반했다. 그 사실을 안 마녀는 라푼젤을 멀리 쫓아내고, 왕자의 눈을 멀게 했다. 왕자는 끝까지 라푼젤을 찾아다녔다. 마침내 다시 만난 두 사람은 행복하게 함께 살았다.

라푼젤은 왜 탑 안에서 혼자 살게 되었을까?

내 머리를 타고 올라오세요!

탑 : 높고 길쭉하게 위로 세운 집이나 건물이에요.
갇히다 : 밖으로 나가지 못하고 안에 꼭 막혀 있는 거예요.

1 상추의 특징을 다음 **보기** 에서 찾아 써 보세요.

① 상추는 _____ 잎의 채소예요.

② 상추는 부드럽고 _____ .

③ 상추로 ☐ 을 싸 먹어요.

보기 | 초록색   얇아요   쌈

2 왼쪽 글을 소리 내어 읽은 후 빈칸을 채워 보세요.

① 마녀는 상추를 주는 대신 태어날 ☐☐ 를 데려가겠다고 했다.

② 그 후 태어난 아기는 '☐☐' 이라는 이름을 갖고, 마녀의 높은 탑에 갇혀 살게 되었다.

③ 어느 날 한 ☐☐ 가 라푼젤을 보고 한눈에 반했다.

④ 왕자는 ☐☐☐ 라푼젤을 찾아다녔다.

3 마녀는 왜 라푼젤을 데려갔나요?

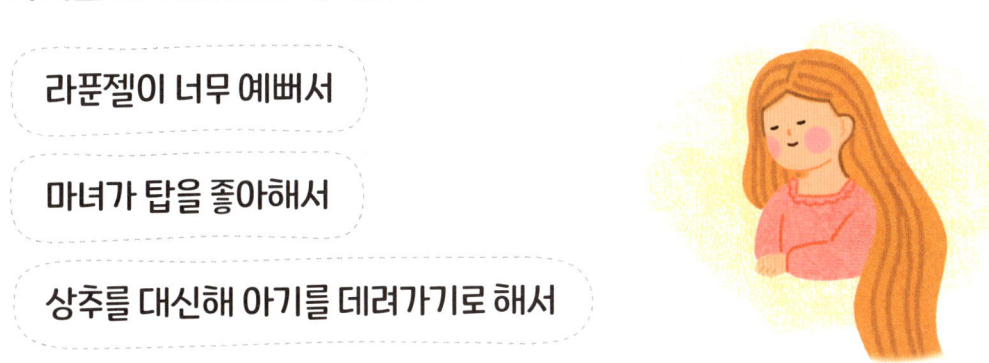

- 라푼젤이 너무 예뻐서
- 마녀가 탑을 좋아해서
- 상추를 대신해 아기를 데려가기로 해서

4 탑에 계속 갇혀 사는 라푼젤에게 여러분은 어떤 말을 해 주고 싶나요?

3주차 19일 _ 문학 신문

세계 명작 | 오즈의 마법사

도로시와 오즈의 친구들

캔자스에 사는 소녀 도로시는 강아지 토토와 함께 큰 **회오리바람**에 **휩쓸려** 하늘로 날아갔다. 눈을 떠 보니 도로시는 마법의 나라 오즈에 떨어져 있었다. 그곳에서 착한 마녀에게 반짝이는 은 구두를 선물로 받았다.

집으로 돌아가려면 오즈의 마법사를 만나야 한다는 말에, 도로시는 먼 길을 떠났다. 도로시는 뇌를 갖고 싶은 허수아비, 심장을 갖고 싶은 양철 나무꾼, 용기를 갖고 싶은 사자를 만나 친구가 되었다.

도로시와 친구들은 결국 나쁜 마녀를 물리치고, 진짜 용기와 지혜와 사랑을 스스로 찾아냈다. 도로시는 은 구두를 세 번 치고, 토토와 함께 집으로 돌아갔다.

도로시가 친구들과 함께 여행한 이유는 무엇일까?

회오리바람 : 빙글빙글 빠르게 도는 바람이에요.
휩쓸리다 : 센 힘에 떠밀려서 같이 움직이게 되는 거예요.

---

1 허수아비의 특징을 다음 **보기** 에서 찾아 써 보세요.

❶ 허수아비는 ☐☐☐ 로 만들어졌어요.

❷ 허수아비는 ☐ 를 쫓아요.

❸ 허수아비는 ☐☐ 을 지켜요.

보기   새   논밭   지푸라기

2 왼쪽 글을 소리 내어 읽은 후 빈칸을 채워 보세요.

① 눈을 떠 보니 도로시는 마법의 나라 ☐ 에 떨어져 있었다.

② 집으로 돌아가려면 오즈의 ☐ 를 만나야 한다는 말에, 도로시는 먼 길을 떠났다.

③ 도로시와 친구들은 결국 ☐ 마녀를 물리치고, 진짜 용기와 지혜와 사랑을 스스로 찾아냈다.

④ 도로시는 ☐ 구두를 세 번 치고 토토와 함께 집으로 돌아갔다.

3 도로시가 오즈의 마법사를 찾은 이유는 무엇인가요?

- 집으로 돌아가고 싶어서
- 심장을 갖고 싶어서
- 마녀를 물리치고 싶어서

4 여러분이 가장 갖고 싶은 마음은 무엇인가요? 그 이유도 써 보세요.

3주차 20일 _ 문학 신문

소리 내어 읽기 ○ ○ ○

세계 명작 | 알리바바와 40인의 도둑

보물 동굴을 발견한 알리바바

　알리바바는 가난하지만 성실한 청년이다. 어느 날, 우연히 40인의 도적들이 마법의 동굴로 들어가는 모습을 보았다. 도적들은 동굴 앞에서 이렇게 외쳤다. "열려라, 참깨!" 도적들이 떠난 후, 알리바바도 똑같이 **주문**을 외우고 동굴로 들어갔다. 그곳에는 엄청난 보물이 있었는데, 알리바바는 필요한 만큼만 보물을 가지고 나왔다. 그리고 보물을 팔아 가족들과 행복하게 지냈다.

　그런데 알리바바의 형 카심이 마법 동굴에 몰래 들어가서 보물을 모두 가지고 나오려 했다. 그러다가 동굴에 갇히게 되고, 결국 도적들에게 들켜 **혼쭐**이 나고 말았다.

　알리바바의 형 카심이 도적에게 잡힌 이유는 무엇일까?

열려라, 참깨!

주문 : 어떤 말을 특별하게 외우면 마법처럼 일이 일어나는 말이에요.
혼쭐 : 잘못한 일 때문에 아주 크게 혼이 나는 거예요.

1 참깨의 특징을 다음 보기 에서 찾아 써 보세요.

❶ 참깨는 아주 작은 ☐☐ 이에요.

❷ 참깨는 ☐☐☐ 맛이 나요.

❸ 참깨로 ☐☐☐ 을 만들어요.

보기　참기름　　고소한　　씨앗

2 왼쪽 글을 소리 내어 읽은 후 빈칸을 채워 보세요.

① 알리바바는 가난하지만 ☐☐☐ 청년이다.

② "열려라, ☐☐☐!"

③ 그곳에는 엄청난 보물이 있었는데, 알리바바는 ☐☐☐ 만큼만 보물을 가지고 나왔다.

④ 알리바바의 형 카심이 마법 동굴에 몰래 들어가서 보물을 ☐☐ 가지고 나오려 했다.

3 알리바바는 동굴에 어떻게 들어갔나요?

- 도적들의 뒤를 따라서
- "열려라, 참깨!" 주문을 외우고
- 마법의 빗자루를 타고

4 여러분이 마법의 동굴에 들어갔다면, 보물을 얼마나 가지고 나올까요?

3주차 21일 _ 문학 신문

세계 명작 | **플란더스의 개**

착한 네로와 개 파트라슈

옛날에 네로라는 착한 소년이 있었다. 부모님이 일찍 돌아가신 네로는 '파트라슈'라는 개와 함께 살았다. 파트라슈는 다쳐서 길에 쓰러져 있었는데, 네로가 **정성껏** 돌봐줘서 다시 건강해졌다.

네로와 파트라슈는 함께 우유 **수레**를 끌고 다니며 일을 했다. 둘은 서로에게 가장 소중한 친구가 되었다. 네로는 그림을 아주 좋아해서 멋진 화가가 되고 싶었다.

어느 추운 겨울날, 네로와 파트라슈는 멋진 그림이 있는 큰 성당에 들어가 마음속으로 따뜻한 꿈을 떠올렸다. 그 순간, 두 친구는 서로를 꼭 안고 행복한 꿈속으로 조용히 들어갔다.

네로와 파트라슈는 왜 서로를 가장 소중한 친구라고 느꼈을까?

파트라슈와 함께라면 힘들지 않아!

정성껏 : 마음을 다해서 아주 열심히 하는 거예요.
수레 : 바퀴가 달려 있어서 물건을 실어 끄는 탈것이에요.

1. 화가의 특징을 다음 보기 에서 찾아 써 보세요.

① 화가는 ☐☐ 을 그리는 사람이에요.

② 화가는 붓, ☐☐ , 연필 같은 도구를 써요.

③ 화가는 그림으로 ☐☐☐ 를 열어요.

보기   전시회   그림   물감

2 왼쪽 글을 소리 내어 읽은 후 빈칸을 채워 보세요.

① 파트라슈는 다쳐서 길에 [　　　] 있었는데,

　네로가 정성껏 돌봐줘서 다시 건강해졌다.

② 네로와 [　　　　] 는 함께 우유 수레를

　끌고 다니며 일을 했다.

③ 네로는 그림을 아주 좋아해서 멋진 [　　　] 가 되고 싶었다.

④ 네로와 파트라슈는 멋진 그림이 있는 큰 [　　　] 에

　들어가 마음속으로 따뜻한 꿈을 떠올렸다.

3 네로는 파트라슈와 어떤 일을 하며 살았나요?

- 그림을 그리는 일
- 성당 청소를 하는 일
- 우유 수레를 끄는 일

4 여러분이 파트라슈라면 네로에게 어떤 말을 해주고 싶을까요?

4주차

★ 창의력과 자신감 키우기 ★

창작 동화

4주차 22일 _ 문학 신문

창작 동화 | 거꾸로 나라의 하루

아침이 밤이 되고, 밤이 아침이 되는 나라

토니는 언제나 아침에 일어나는 게 힘들었다.

"왜 꼭 아침에 학교에 가야 해? 밤에 가면 얼마나 좋아!"

그날 밤, 토니는 **투덜거리며** 잠이 들었다. 시끄러운 소리에 눈을 떠 보니, 한밤중에 사람들이 모두 활기찬 모습으로 돌아다니고 있었다. 창밖으로 지나가는 사람이 토니를 보고 말했다.

"여긴 '거꾸로 나라'야! 밤에 학교에 가고, 낮에는 자야 해."

토니는 정말 신이 났다. 그런데 며칠이 지나자 밤늦게 공부하니 졸리고, 밝은 아침에 자려니 잠도 안 왔다. 그 순간, 토니는 잠에서 깨어났다.

"꿈이었구나! 밝은 **햇살**이 정말 그리웠어!"

낮과 밤이 바뀌어 생활하면 어떤 문제가 생길까?

밤에 학교 가면 얼마나 좋을까?

투덜거리다 : 작은 소리로 불평을 하며 혼잣말처럼 말하는 거예요.
햇살 : 햇빛이 부드럽고 따뜻하게 비치는 모습이에요.

---

1 학교의 특징을 다음 보기 에서 찾아 써 보세요.

❶ 학교는 공부하고 ☐☐☐☐ 곳이에요.

❷ 학교에는 ☐☐ 들과 선생님이 있어요.

❸ 학교에는 매일 ☐☐☐ 시간에 가요.

| 보기 | 정해진 | 친구 | 배우는 |

2 왼쪽 글을 소리 내어 읽은 후 빈칸을 채워 보세요.

① "왜 꼭 ☐☐☐ 에 학교에 가야 해? 밤에 가면 얼마나 좋아!"

② "여긴 '☐☐ 나라'야! 밤에 학교에 가고, 낮에는 자야 해."

③ 그런데 며칠이 지나자 ☐☐☐ 공부하니 졸리고, 밝은 아침에 자려니 눈이 부셔서 잠도 안 왔다.

④ "꿈이었구나! 밝은 햇살이 정말 ☐☐☐☐ !"

3 처음에 토니는 '거꾸로 나라' 생활이 어땠나요?

신났어요.

무서웠어요.

슬펐어요.

4 '거꾸로 나라'처럼 밤에 학교에 가면 어떤 일이 생길까요?

4주차 23일 _ 문학 신문

소리 내어 읽기

창작 동화 | 시간을 멈추는 시계

수지에게 생긴 마법 시계

수지는 바쁘고 정신이 없는 아침이 정말 싫었다. 어느 날, 수지는 학교 가는 길에 이상한 가게를 발견했다. 가게 안에는 '시간을 **멈추는** 시계'가 있었다. 수지가 시계를 누르자, 모든 것이 멈췄다.

신이 난 수지는 여유롭게 아침을 먹고 책을 읽고, 하고 싶던 일을 **마음껏** 했다. 하지만 시간이 멈춘 세상은 조용하고 심심했다. 친구도 없고, 웃음도 없었다.

수지가 다시 시계를 누르자 멈췄던 시간이 다시 흐르기 시작했다.

"혼자 느린 시간보다, 함께 바쁜 시간이 훨씬 소중하구나!"

수지가 시간을 멈춘 이유는 무엇일까?

시간을 멈출 수 있다면 얼마나 좋을까?

멈추다 : 하던 것이 그 자리에서 그만 움직이지 않게 되는 거예요.
마음껏 : 내가 하고 싶은 만큼 실컷 하는 거예요.

---

1 시계의 특징을 다음 〔보기〕에서 찾아 써 보세요.

① 시계는 ☐☐ 을 알려줘요.

② 시계에는 ☐☐ 와 바늘이 있어요.

③ 시계의 바늘은 계속 ☐☐☐ .

〔보기〕 숫자   시간   움직여요

2 왼쪽 글을 소리 내어 읽은 후 빈칸을 채워 보세요.

① 어느 날, 수지는 학교 가는 길에 ☐☐☐☐ 가게를 발견했다.

② 수지가 시계를 누르자, 모든 것이 ☐☐☐☐.

③ 하지만 시간이 멈춘 세상은 조용하고 ☐☐☐☐.

④ 수지가 다시 시계를 누르자 멈췄던 시간이 다시 ☐☐☐☐ 시작했다.

3 수지는 어떤 시계를 발견했나요?

- 노래가 나오는 시계
- 알람이 울리는 시계
- 시간을 멈추는 시계

4 시간을 멈출 수 있다면, 어떤 일을 가장 먼저 해보고 싶나요?

4주차 24일 _ 문학 신문

창작 동화 | 마음 색깔 분수

소리 내어 읽기

색깔로 알아보는 진짜 내 마음

친한 친구와 말다툼을 한 하윤이는 혼자 놀이터로 갔다. 그곳에는 처음 보는 작은 분수가 있었다. 분수에는 이렇게 쓰여 있었다.

'마음을 색깔로 알아보는 분수'

하윤이가 분수 앞에 서자, 물줄기에서 **짙은** 파란빛이 피어올랐다.

"파랑은 슬픈 마음이라고 쓰여 있잖아?"

하윤이는 가만히 생각해 보았다. 처음에는 짜증이 난 줄 알았는데, 사실 속상하고 외로운 마음이었다는 걸 깨달았다. 자기 마음을 정확히 알고 나니 조금씩 진정되었다. 분수의 색깔이 점점 **옅은** 녹색으로 바뀌고 있었다.

하윤이는 왜 자신의 마음을 잘 몰랐을까?

내 마음의 색은 뭘까?

짙다 : 색이나 냄새가 진하고 강한 거예요.
옅다 : 색이나 냄새가 약하고 연한 거예요.

---

1 분수의 특징을 다음 보기 에서 찾아 써 보세요.

① 분수는 [　　] 을 위로 뿜는 장치예요.

② 분수는 [　　] 이나 놀이터에 주로 있어요.

③ 분수 근처에 가면 [　　　　].

| 보기 | 시원해요 | 물 | 공원 |

2 왼쪽 글을 소리 내어 읽은 후 빈칸을 채워 보세요.

① 친한 친구와 ☐☐☐ 을 한 하윤이는 혼자 놀이터로 갔다.

② '마음을 ☐☐ 로 알아보는 분수'

③ 처음에는 짜증이 난 줄 알았는데, 사실 속상하고 ☐☐ 마음이었다는 걸 깨달았다.

④ 분수의 색깔이 점점 옅은 ☐☐ 으로 바뀌고 있었다.

3 하윤이는 왜 놀이터로 갔나요?

- 놀고 싶어서
- 친구와 다투고 기분이 안 좋아서
- 분수를 구경하고 싶어서

4 "짜증 나!" 하고 말했지만, 알고 보니 다른 마음이었던 적이 있나요?

4주차 25일 _ 문학 신문

창작 동화 | 겁쟁이 도깨비

두려움을 이겨낸 두들깨비

　두들깨비는 겁이 많은 도깨비였다. **천둥**에도 놀라고, 한밤중 고양이 눈빛에도 깜짝 놀랐다. 친구들은 그를 '겁쟁이 도깨비'라고 불렀다.
　어느 날, 두들깨비는 도깨비방망이를 잃어 버렸다. 도깨비방망이를 찾으려면 무서운 동굴로 들어가야 했다. 그러나 무서워서 발만 동동 굴렀다.
　"무서울 때는 한 걸음만 앞으로 가 봐."
　다람쥐의 말에 두들깨비는 떨리는 마음으로 한 걸음씩 앞으로 나아갔다. 잠시 후 동굴 안에서 도깨비방망이가 반짝!
　두들깨비는 무사히 도깨비방망이를 찾았다.
　"용기는 무서워도 조금씩 **도전**하는 거구나!"
　그날 밤, 두들깨비는 혼자서도 잠들 수 있었다.

두들깨비에게 용기란 무엇일까?

조금씩 용기를 내 볼게!

천둥 : 하늘에서 번개가 치고 '쿵!' 하고 크게 울리는 소리예요.
도전 : 문제나 싸움에 정면으로 맞서는 거예요.

1 다람쥐의 특징을 다음 보기 에서 찾아 써 보세요.

① 다람쥐는 ☐☐☐ 에서 살아요.

② 다람쥐의 꼬리는 길고 ☐☐☐☐ 해요.

③ 다람쥐는 ☐☐☐ 를 먹어요.

보기 　숲속　　도토리　　복슬복슬

2 왼쪽 글을 소리 내어 읽은 후 빈칸을 채워 보세요.

① 친구들은 그를 '⬜⬜⬜ 도깨비'라고 불렀다.

② ⬜⬜⬜⬜⬜ 를 찾으려면 무서운 동굴로 들어가야 했다.

③ 잠시 후 동굴 안에서 도깨비방망이가 ⬜⬜!

④ "⬜⬜ 는 무서워도 조금씩 도전하는 거구나!"

3 두들깨비는 원래 어떤 도깨비였나요?

- 겁이 없는 도깨비
- 겁이 많은 도깨비
- 덩치가 아주 큰 도깨비

4 무서운 마음이 들 때 이겨내는 나만의 방법이 있나요?

4주차 26일 _ 문학 신문

소리 내어 읽기

| 창작 동화 | 달나라에 간 고양이 |

루루와 함께한 신나는 달나라 여행

늘 달나라로 **모험**을 떠나고 싶었던 고양이 달이는 상자 우주선을 타고 꿈속 달나라로 떠났다. 달나라에 도착해보니, 그곳에는 토끼 '루루'가 살고 있었다. 달이는 루루와 함께 즐겁게 지냈다. 그런데 루루가 갑자기 하늘을 바라보며 말했다.

"난 가족이 무척 보고 싶어……."

달이는 그 말에 마음이 **뭉클해졌다.** 그리고 지구에 있는 가족들이 보고 싶어서 눈물이 났다. 달이는 루루에게 인사를 하고 다시 지구로 돌아왔다. 이불 속에서 눈을 뜬 달이는 엄마와 아빠를 보자 정말 반가웠다.

"루루야, 너도 무사히 가족을 만나길 바라!"

달이가 다시 지구로 돌아온 이유는 무엇일까?

모험 : 새롭고 낯선 곳에 가 보거나, 무언가 특별한 일을 해보는 거예요.
뭉클하다 : 가슴이 찡하고 따뜻한 기분이 드는 거예요.

1 고양이의 특징을 다음 보기 에서 찾아 써 보세요.

① 고양이는 ' ⬚ ' 하고 울어요.

② 고양이는 ⬚ 발톱이 있어요.

③ 고양이는 몸이 ⬚ .

| 보기 | 유연해요   날카로운   야옹 |

2 왼쪽 글을 소리 내어 읽은 후 빈칸을 채워 보세요.

① 늘 달나라로 ☐ 을 떠나고 싶었던 고양이 달이는 상자 우주선을 타고 꿈속 달나라로 떠났다.

② 달나라에 도착해보니, 그곳에는 ☐ '루루'가 살고 있었다.

③ 달이는 루루에게 인사를 하고 다시 ☐ 로 돌아왔다.

④ "루루야, 너도 무사히 ☐ 을 만나길 바라!"

3 달나라에서 달이는 누구를 만났나요?

- 정이 많은 곰
- 까칠한 다람쥐
- 가족이 그리운 토끼

4 여러분은 가족이 제일 보고 싶은 순간이 언제인가요?

4주차 27일 – 문학 신문

창작 동화 | 나무가 사라진 마을

나무의 소중함을 깨달은 사람들

초록 마을에는 원래 나무가 아주 많았다. 하지만 어느 날부터 사람들이 나무를 **베기** 시작했다.

"여기에는 주차장을 만들 거예요! 그리고 새 건물도 들어설 거예요!"

하나둘 나무가 사라지자 마을도 조금씩 달라졌다. 햇빛이 너무 강해서 낮에는 눈이 부셨다. 또 비가 오면 물이 빠지지 않아 길이 금방 물바다가 되었다. 무엇보다도 새들이 떠나고, 아이들도 나무 그늘이 없어 밖에서 놀지 않게 되었다. 그제야 사람들은 깨달았다.

"나무가 우리를 지켜 주고 있었구나!"

그날부터 사람들은 다시 나무를 **심기** 시작했다. 그리고 다시 나무가 가득한 초록 마을을 만들기로 약속했다.

초록 마을 사람들은 왜 나무를 다시 심기 시작했을까?

베다 : 칼이나 톱으로 나무나 풀 같은 걸 자르는 거예요.
심다 : 씨앗이나 식물, 나무를 땅에 묻는 거예요.

1 새의 특징을 다음 보기 에서 찾아 써 보세요.

① 새는 [　　] 가 있어요.

② 새는 [　　] 을 낳아요.

③ 새는 [　　] 를 틀고 살아요.

보기   날개   둥지   알

2 왼쪽 글을 소리 내어 읽은 후 빈칸을 채워 보세요.

① 하지만 어느 날부터 사람들이 ☐☐ 를 베기 시작했다.

② 하나둘 나무가 ☐☐☐☐ 마을도 조금씩 달라졌다.

③ "나무가 우리를 ☐☐ 주고 있었구나!"

④ 그리고 다시 나무가 가득한 ☐☐ 마을을 만들기로 약속했다.

3 사람들은 왜 나무를 베기 시작했나요?

- 새들을 쫓으려고
- 주차장과 건물을 지으려고
- 아이들을 놀지 못하게 하려고

4 만약 우리 동네에 나무가 하나도 없다면, 어떤 일이 생길까요?

4주차 28일 _ 문학 신문

소리 내어 읽기 ○ ○ ○

창작 동화 나만 모르는 내 모습

거울 속 진짜 나

윤아는 아침마다 화장실 거울 앞에서 얼굴을 찡그렸다.

"머리가 엉망이야, 눈도 작고……."

불만에 가득한 모습으로 머리를 **매만지던** 윤아에게 한 친구가 말했다.

"윤아야, 너는 웃는 얼굴이 정말 예뻐!"

윤아는 멍하니 거울을 바라보다가 **슬며시** 웃었다.

"정말 미소를 지으니 내 얼굴이 환해지네."

그날부터 윤아는 거울 앞에서 하루에 한 가지씩 스스로 칭찬해 보았다. 그러자 하루가 다르게 거울 속 윤아 모습이 점점 밝아졌.

윤아는 어떻게 자신의 밝은 모습을 찾게 되었을까?

매만지다 : 손으로 부드럽게 쓰다듬거나 정리하는 거예요.
슬며시 : 남의 눈에 띄지 않게 조용히 하는 거예요.

1 거울의 특징을 다음 보기 에서 찾아 써 보세요.

❶ 거울은 사람이나 물건을 똑같이 ☐☐☐ .

❷ 거울은 ☐☐ 이 다양해요.

❸ 거울은 ☐☐ 가 바뀌어 보일 수 있어요.

보기   모양   앞뒤   비춰요

2 왼쪽 글을 소리 내어 읽은 후 빈칸을 채워 보세요.

① 윤아는 아침마다 화장실 [　　　] 앞에서 얼굴을 찡그렸다.

② "윤아야, 너는 [　　　] 얼굴이 정말 예뻐!"

③ 그날부터 윤아는 거울 앞에서 하루에 한 가지씩 스스로 [　　　] 보았다.

④ 그러자 하루가 다르게 거울 속 윤아의 모습 점점 [　　　].

3 윤아는 아침마다 화장실 거울 앞에서 어떤 표정을 지었나요?

- 슬프게 울었어요
- 얼굴을 찡그렸어요
- 노래를 불렀어요

4 여러분이 자신에게 해주고 싶은 칭찬은 무엇인가요?

처음 독해 논술 ❶

정답

열심히 문제를 풀고 꼼꼼하게 정답을 확인해 보세요.
4번 문제의 정답은 없어요!
자신의 의견을 자유롭게 표현하고 써 보세요.

정답 1주차

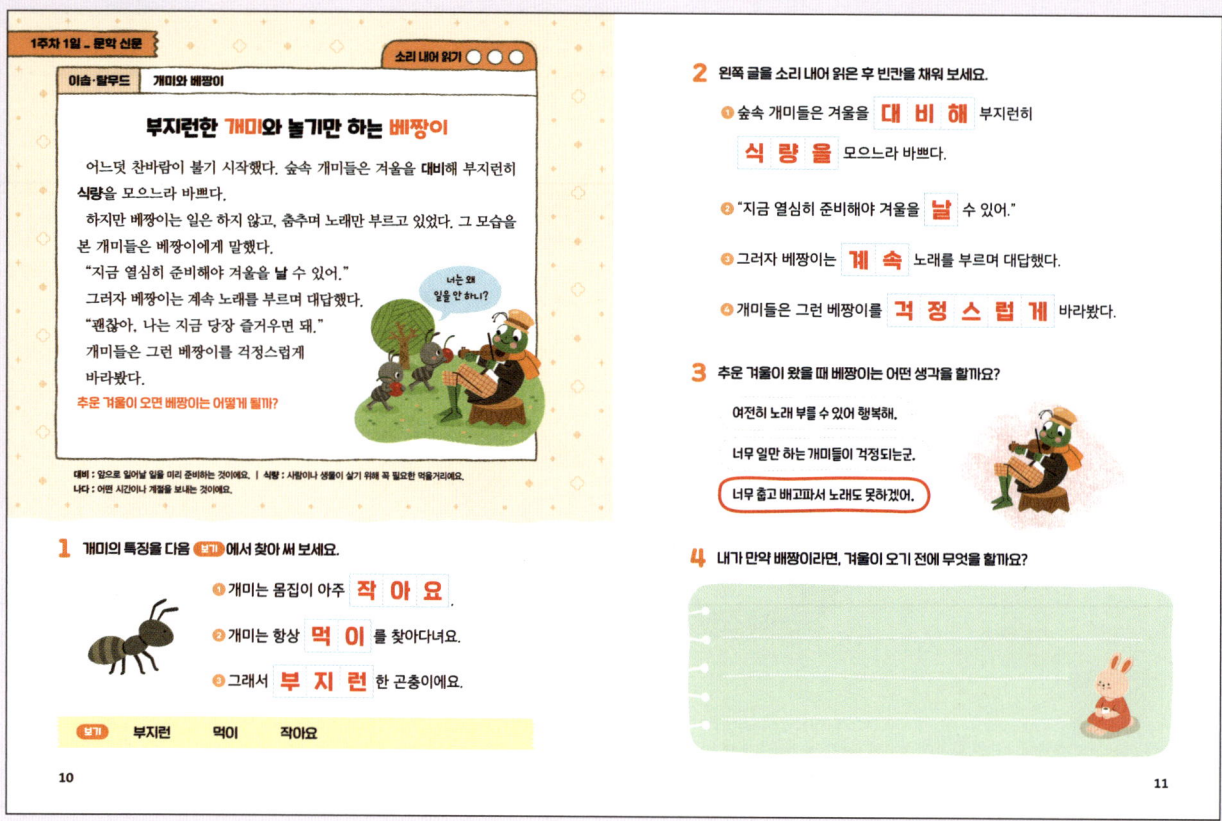

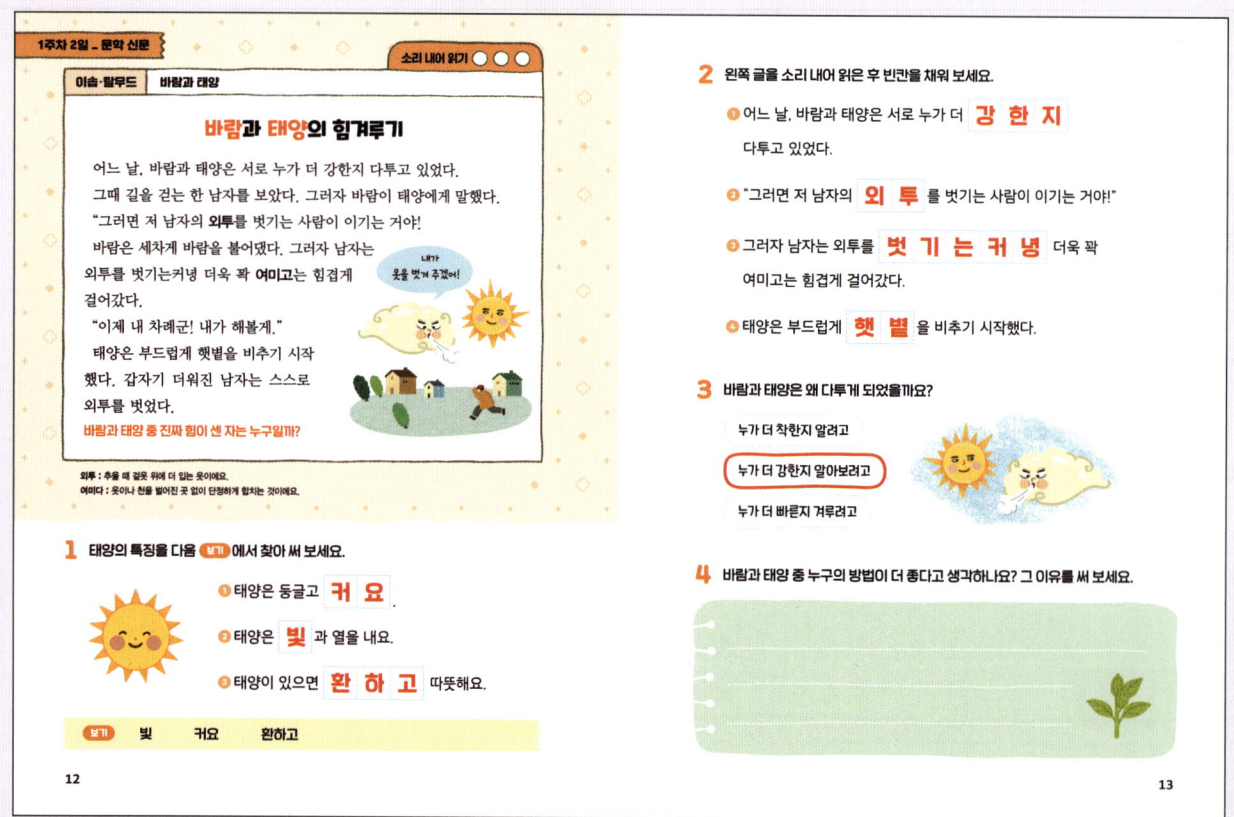

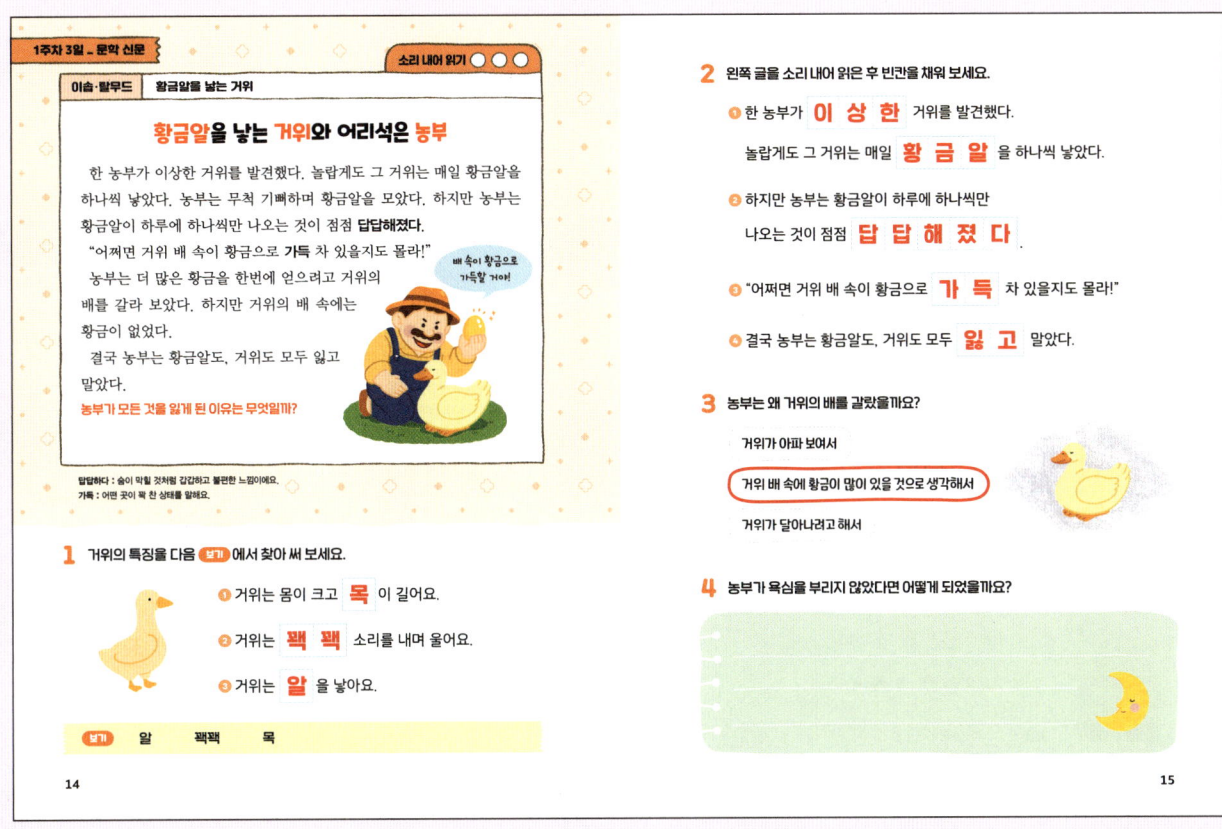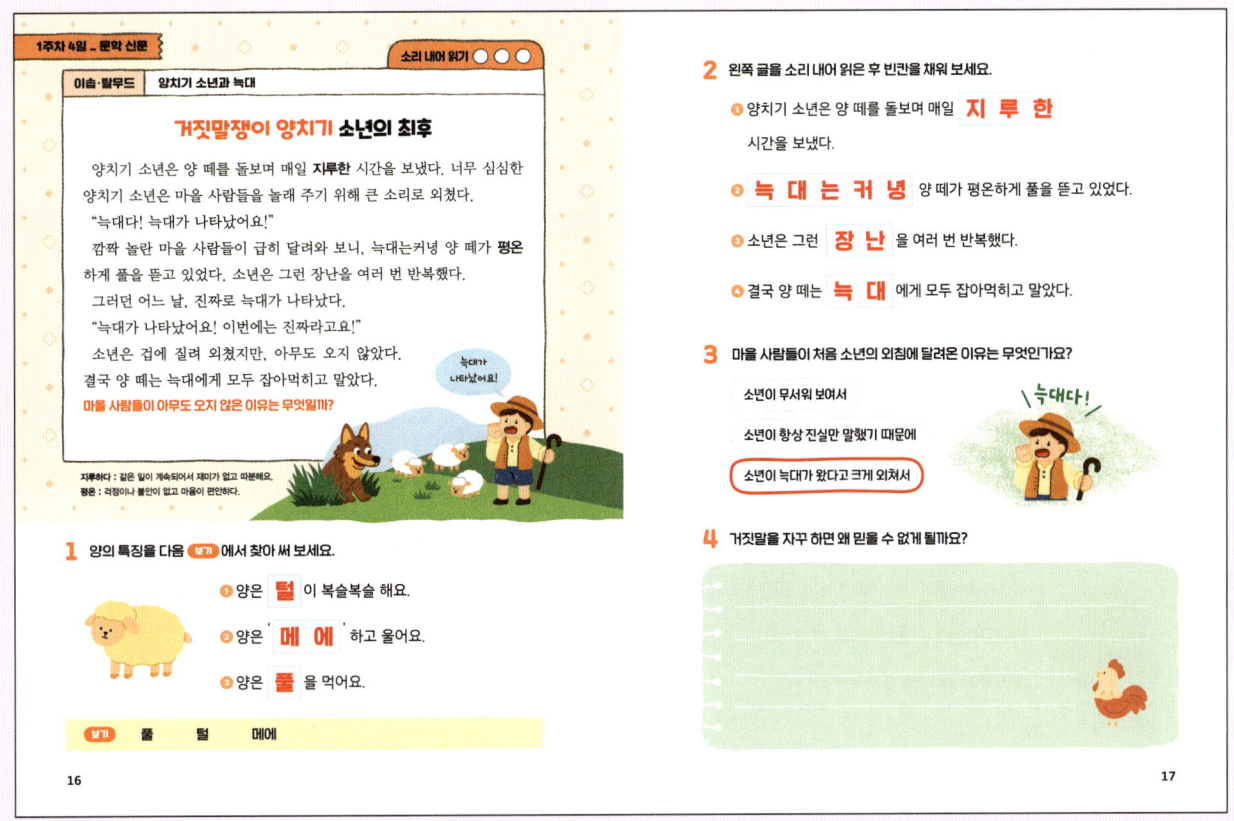

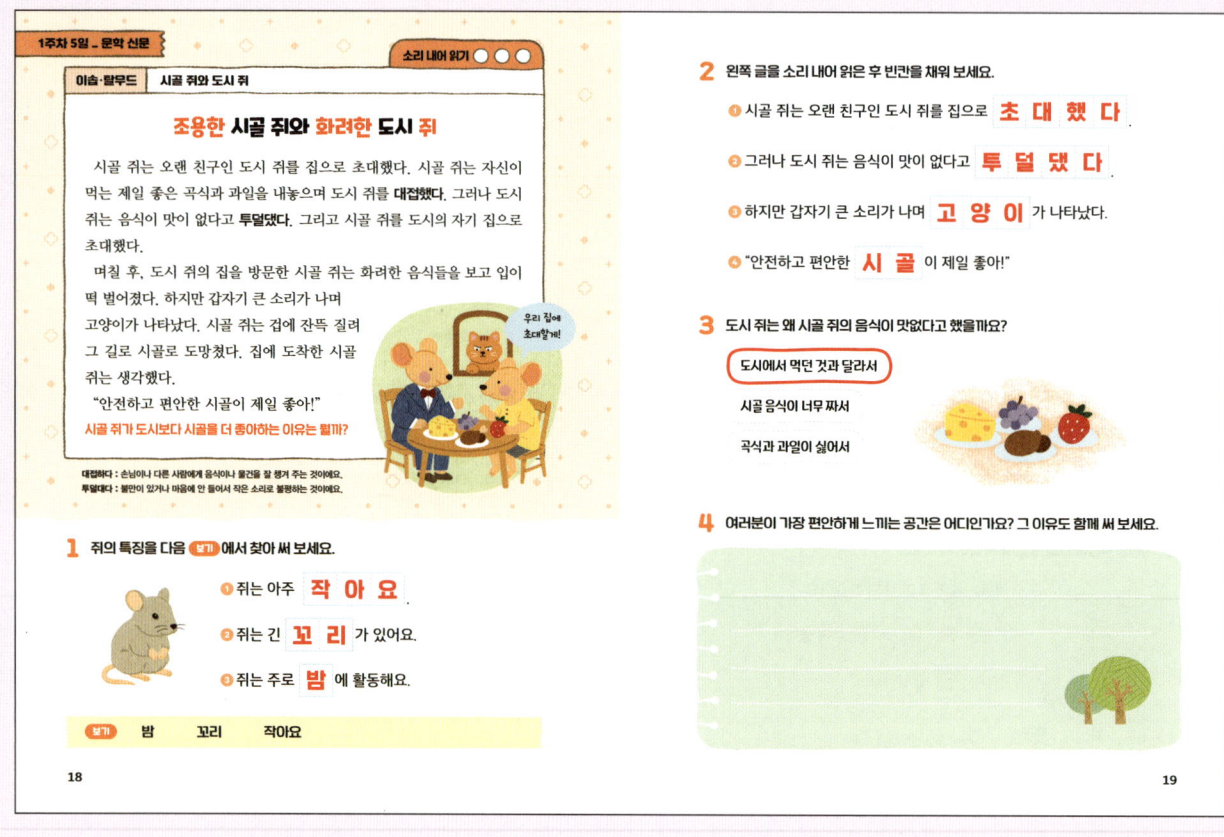

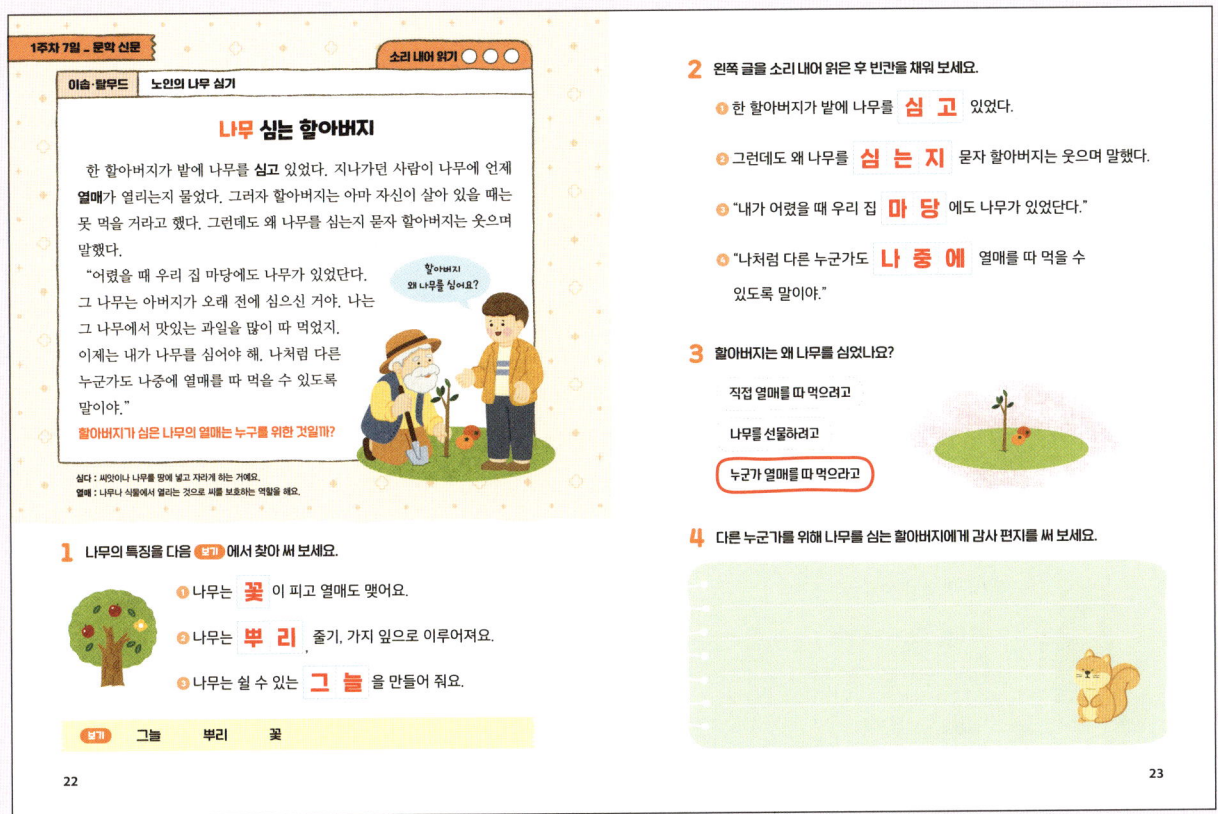

정답 2주차

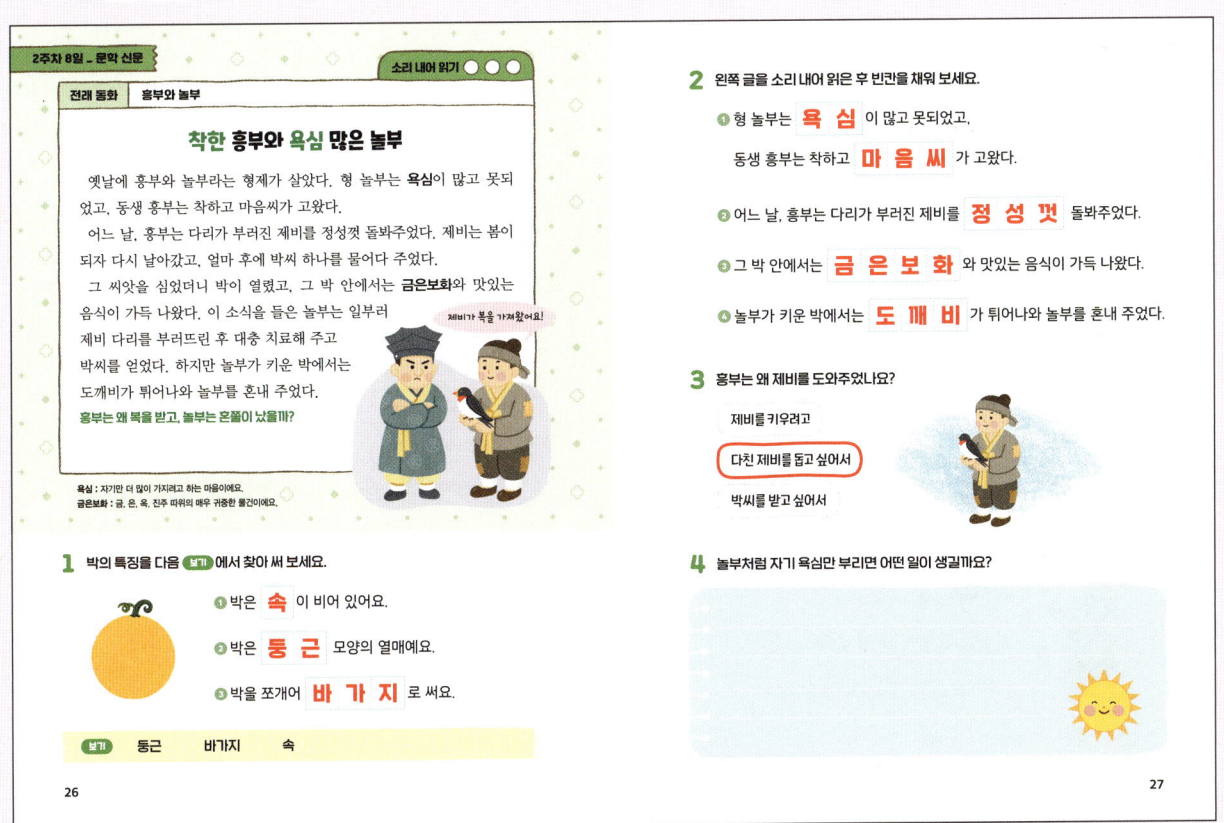

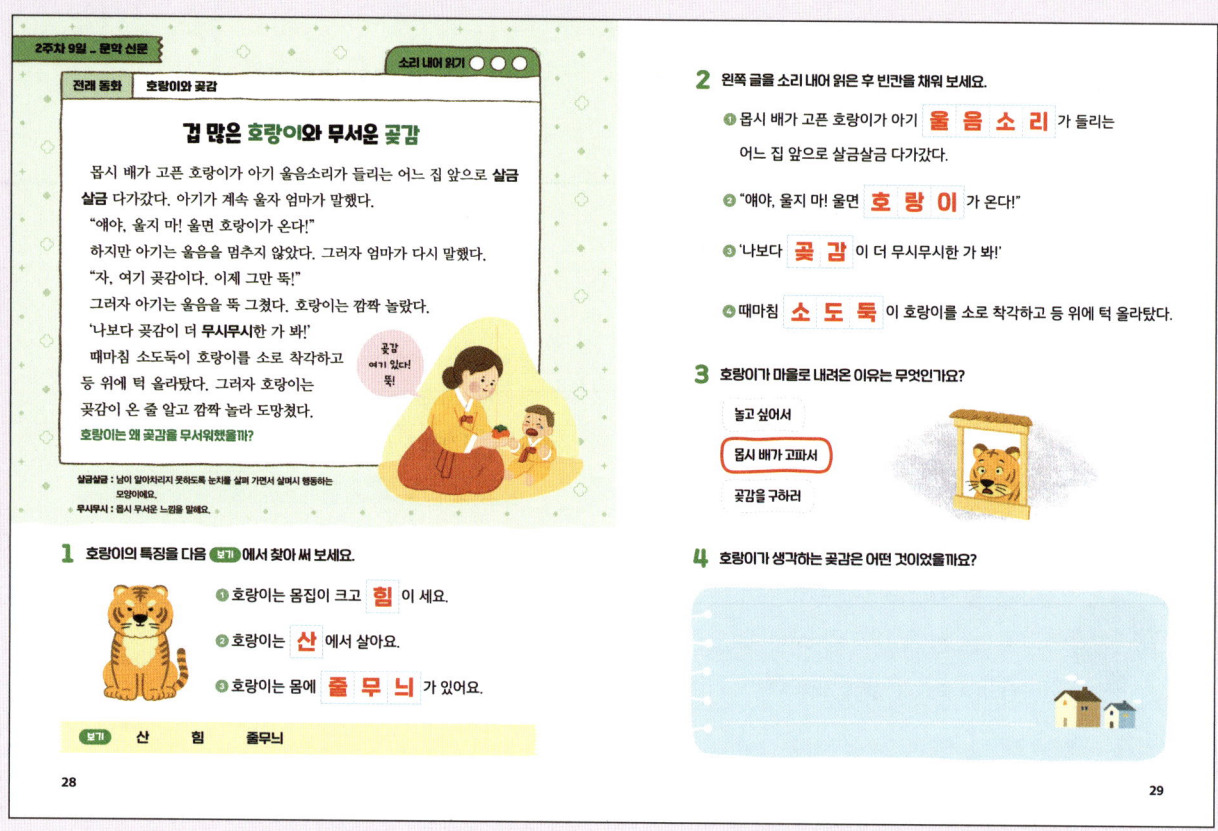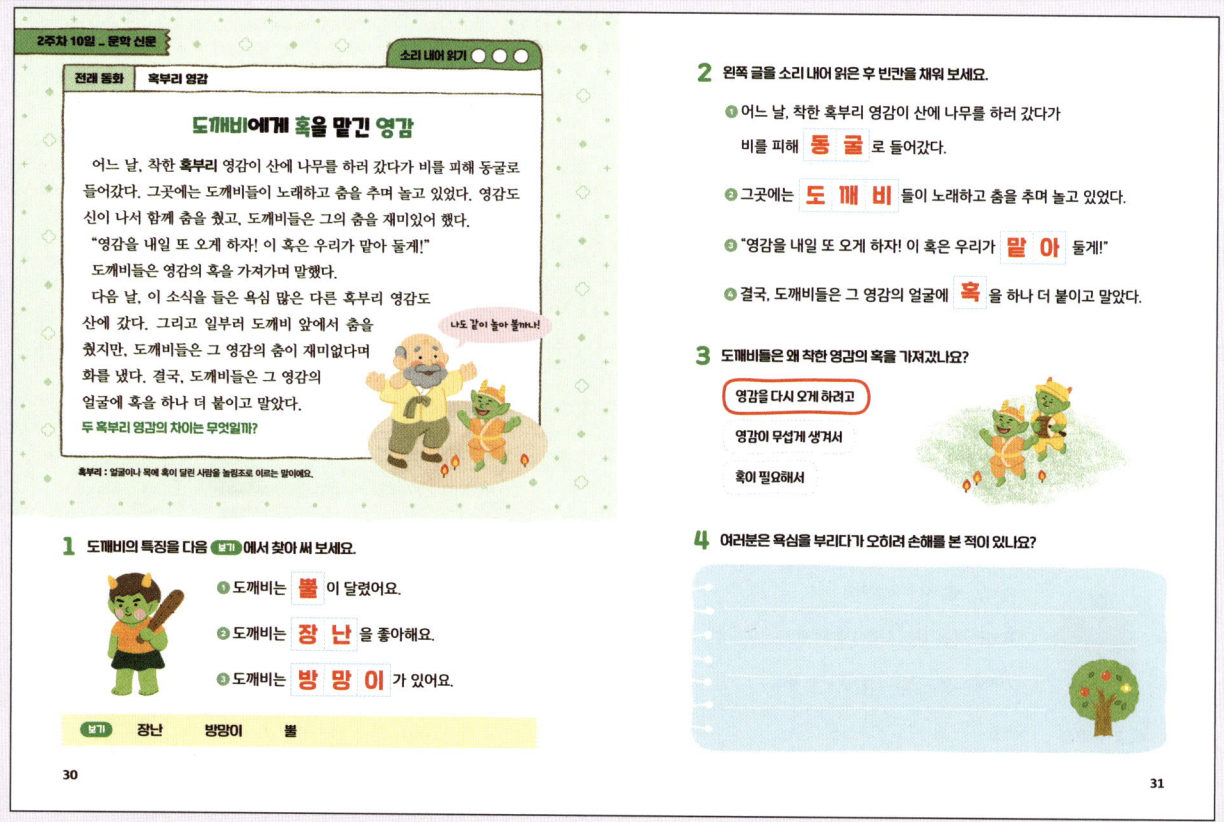

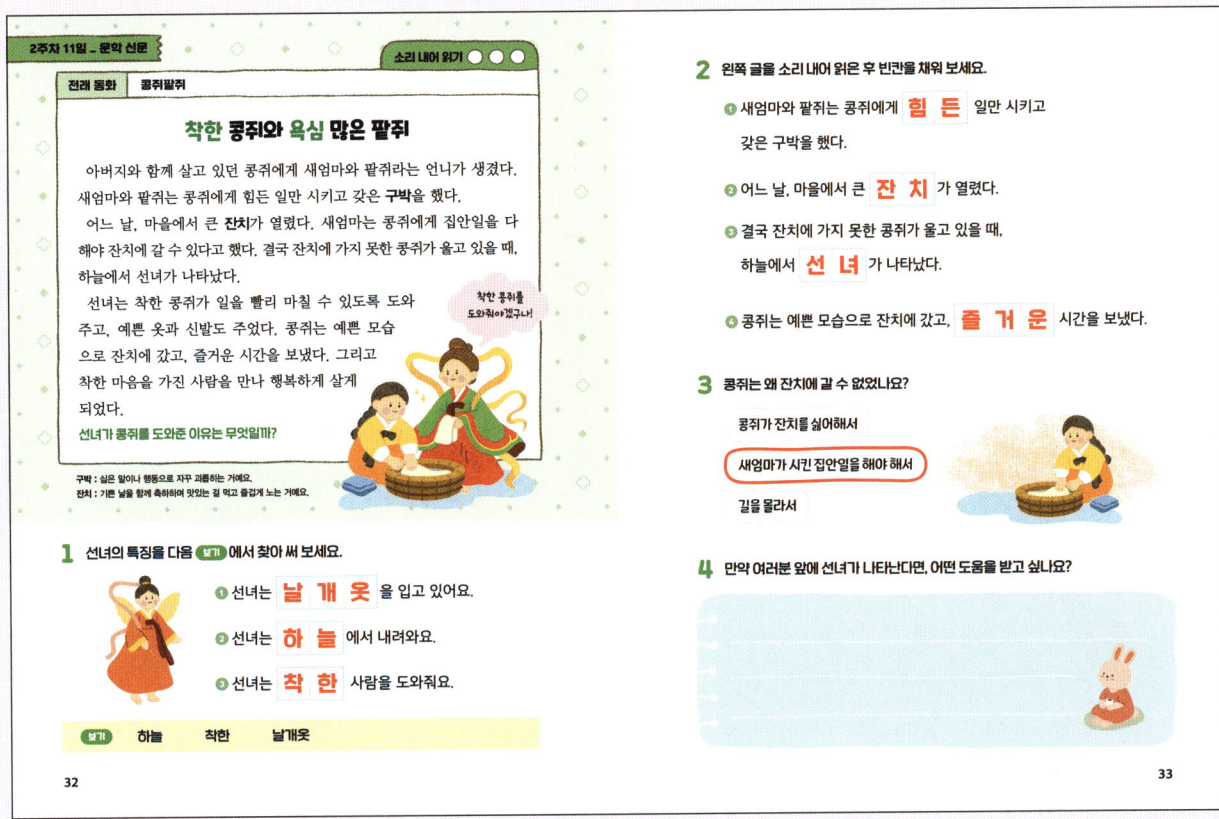

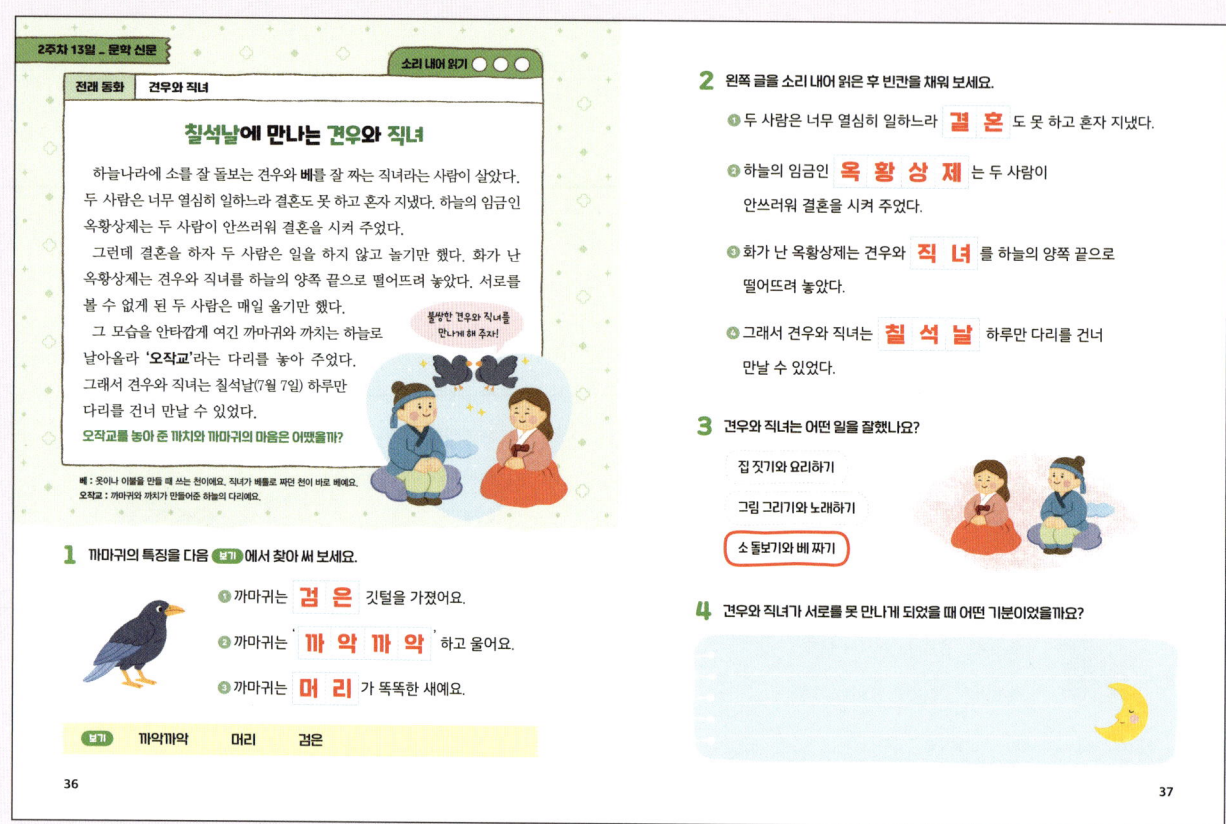

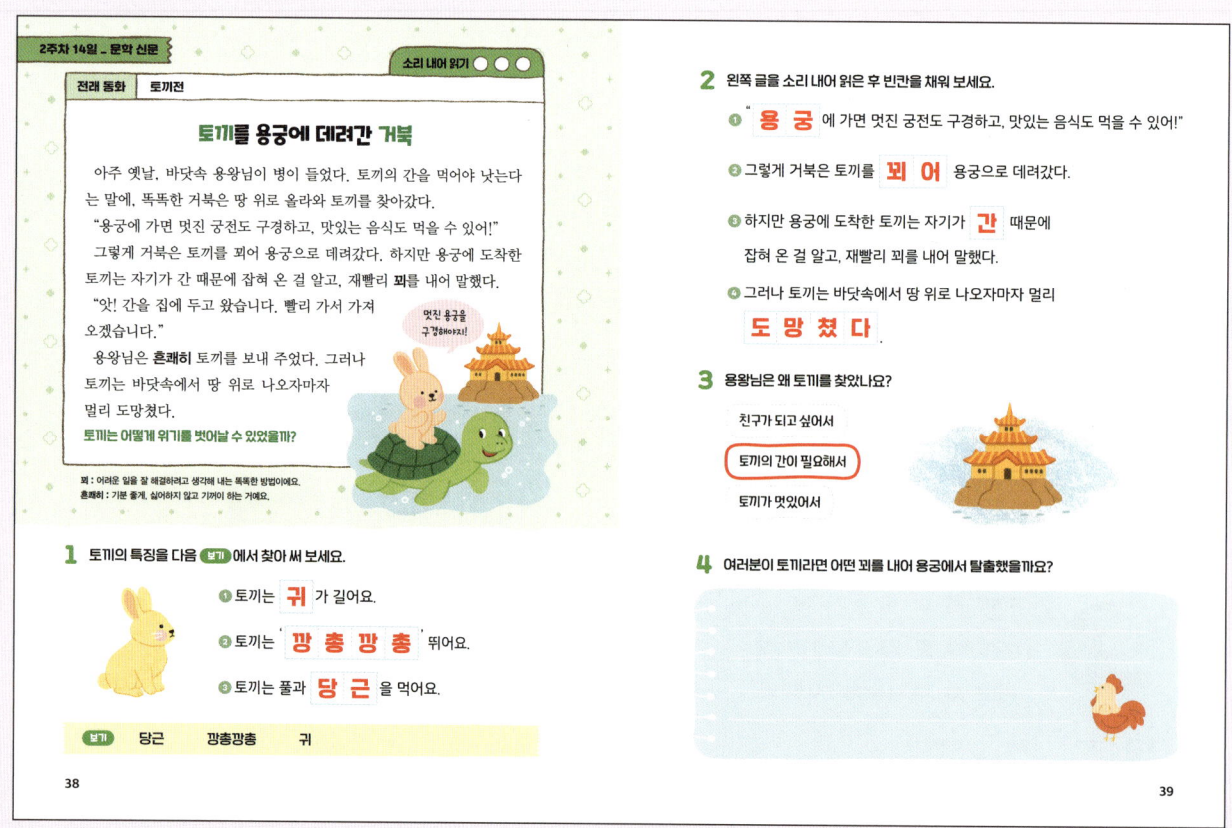

정답 3주차

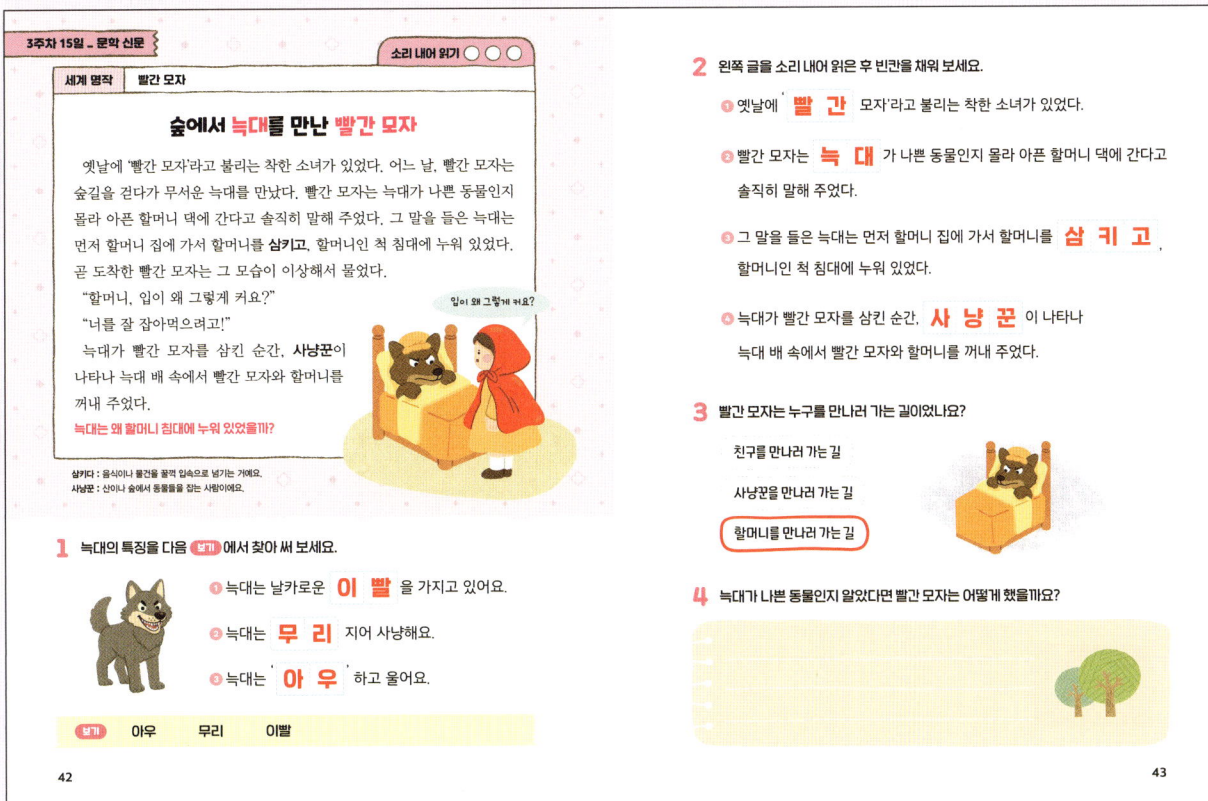

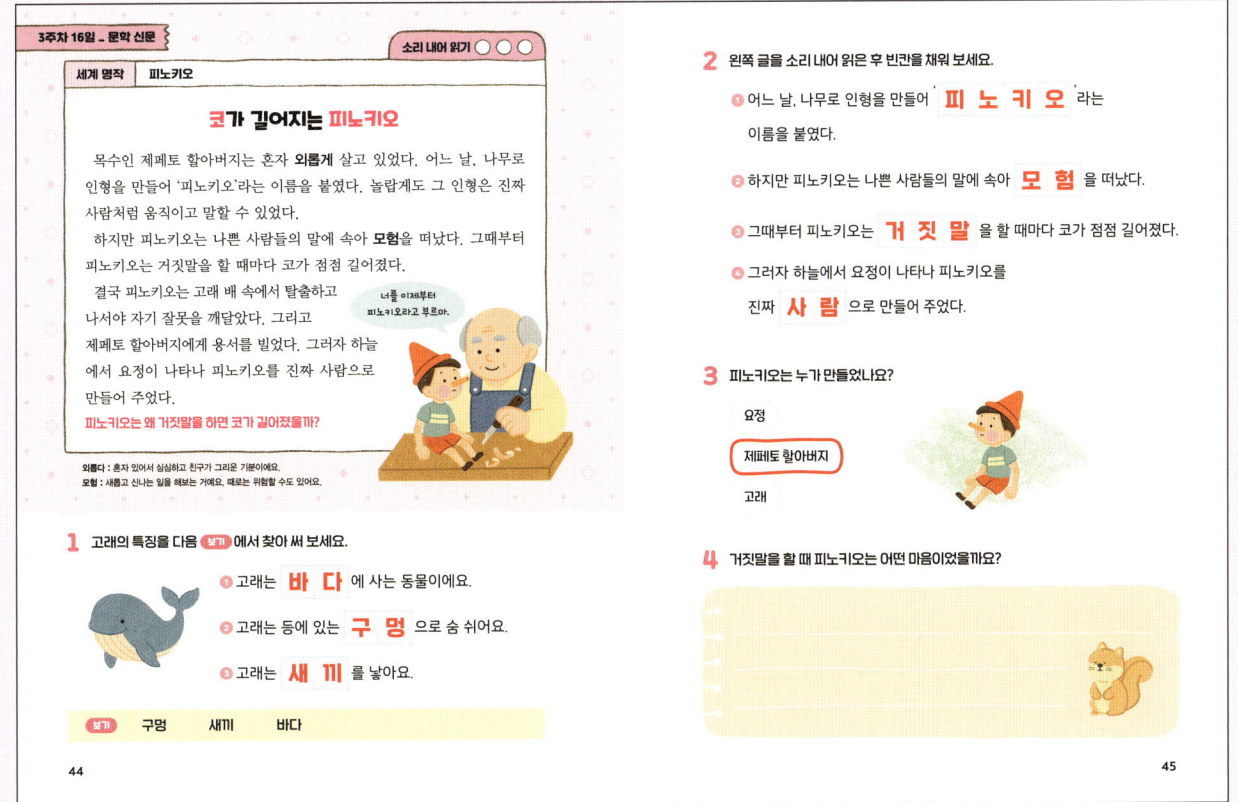

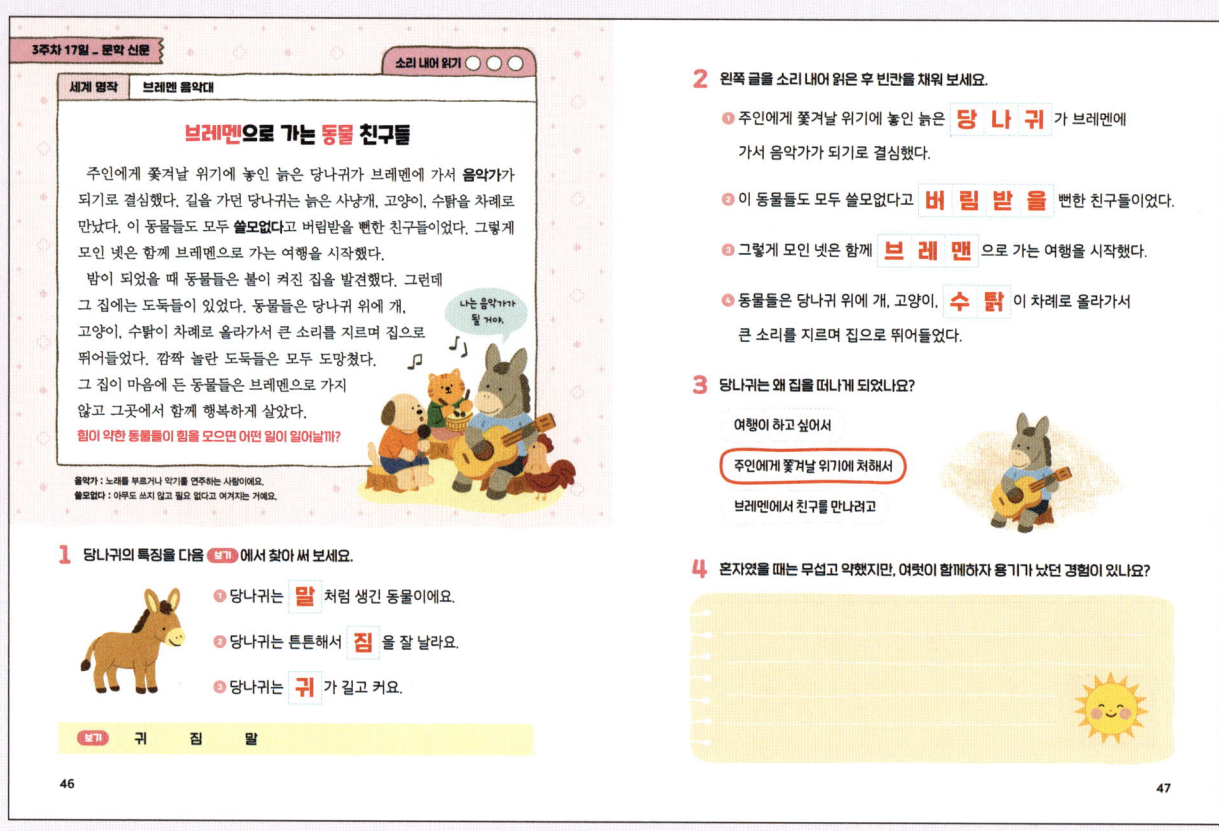

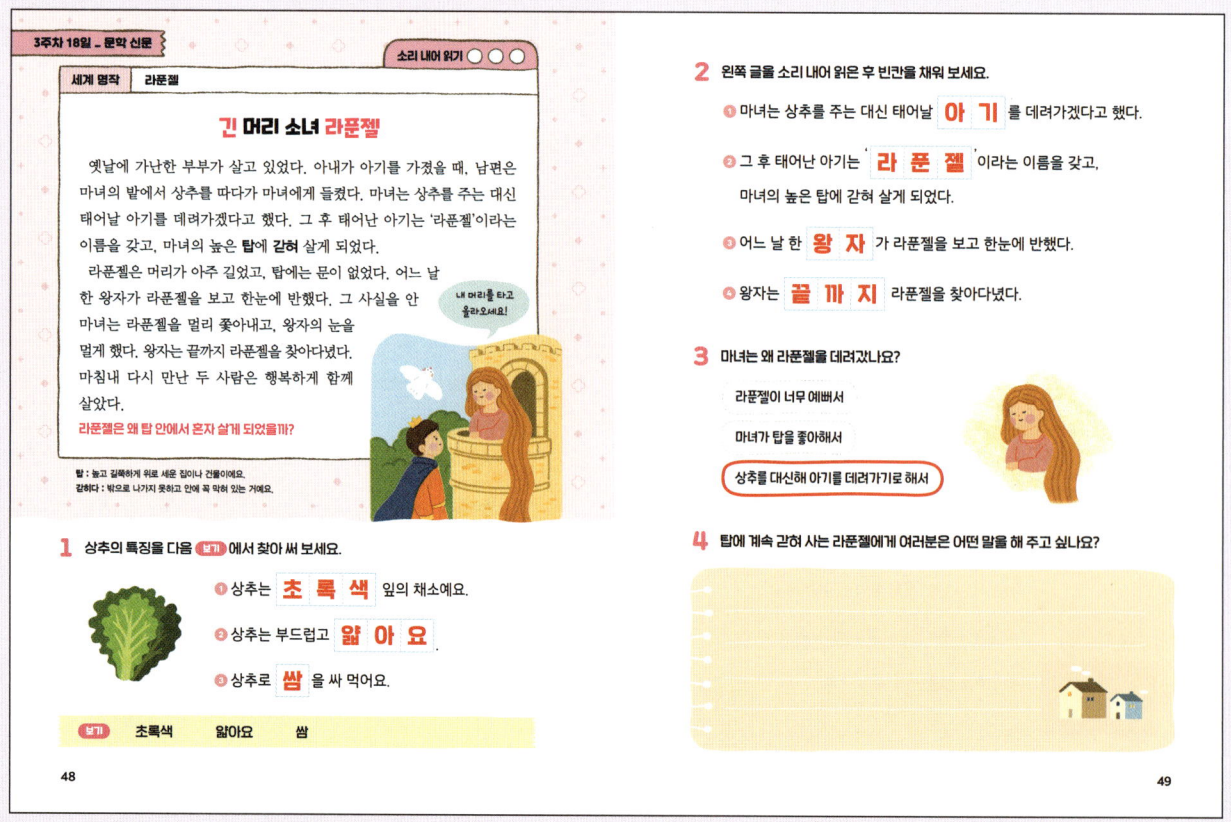

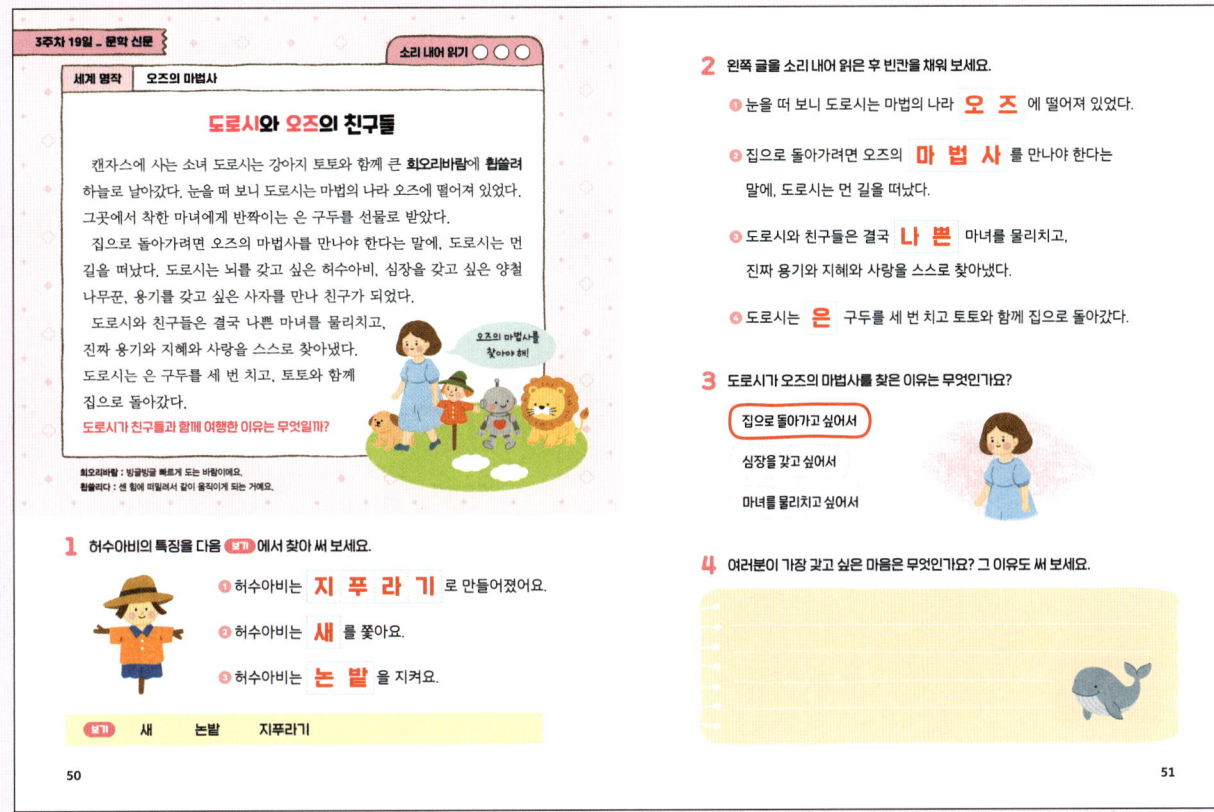

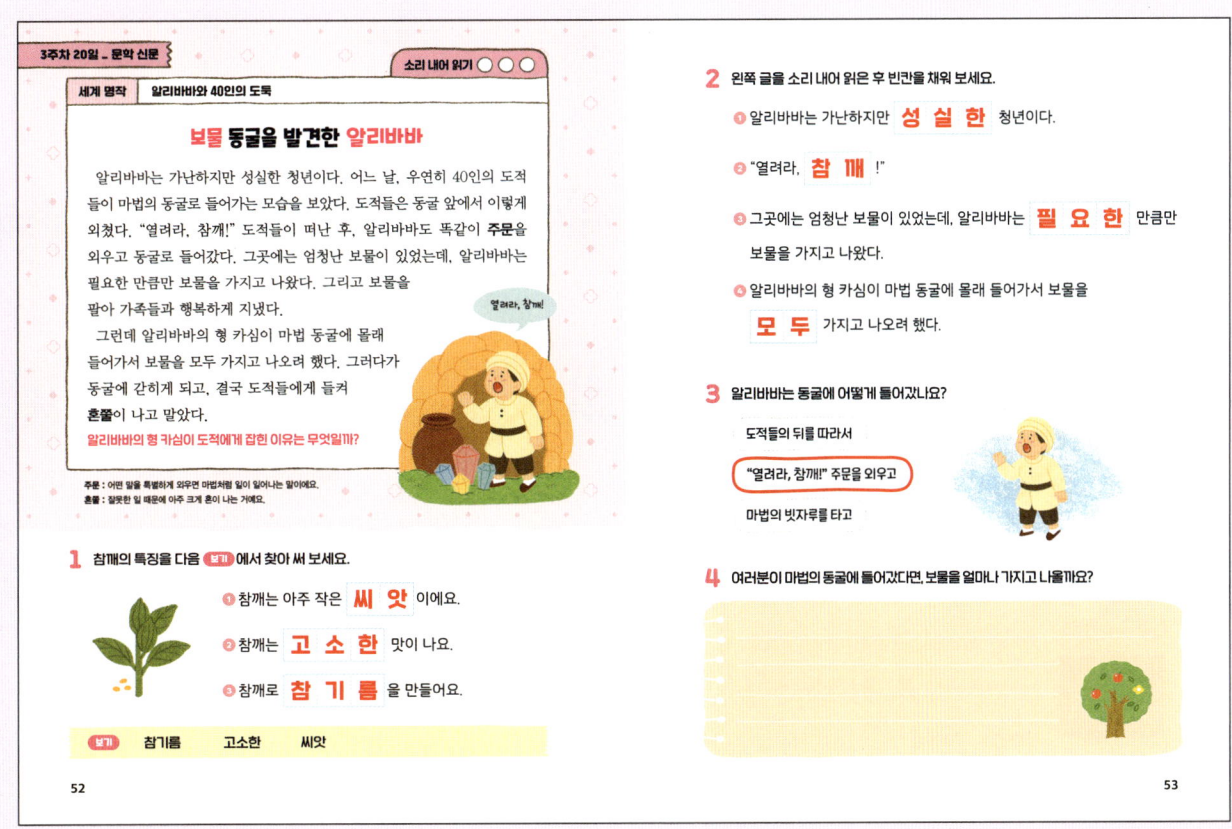

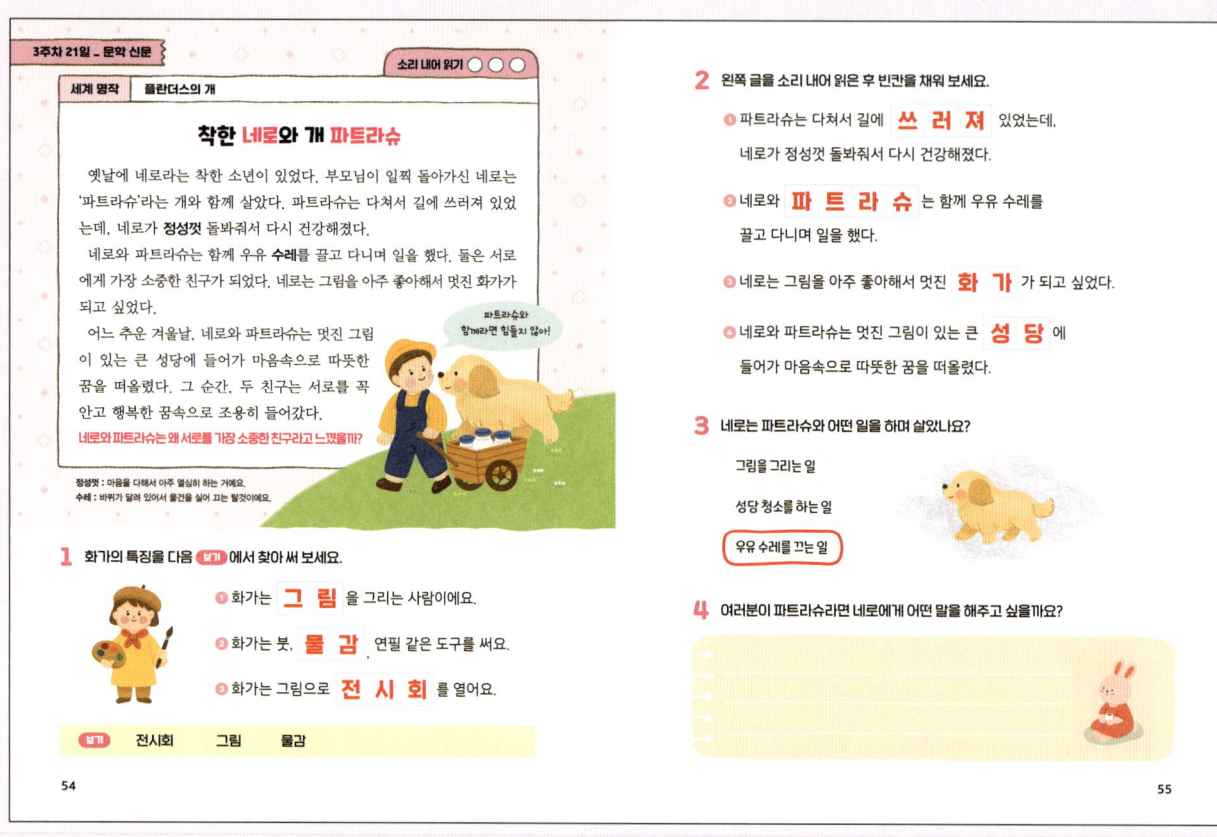

정답 4주차

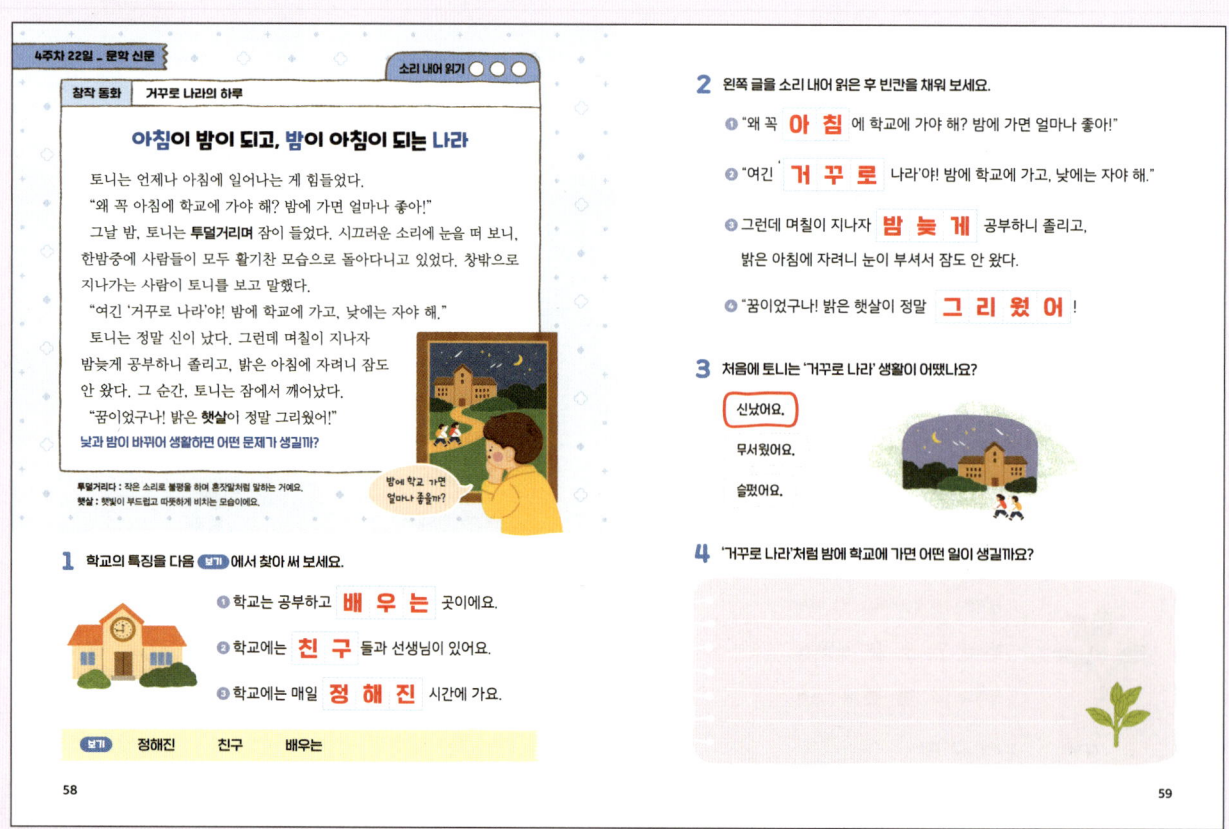

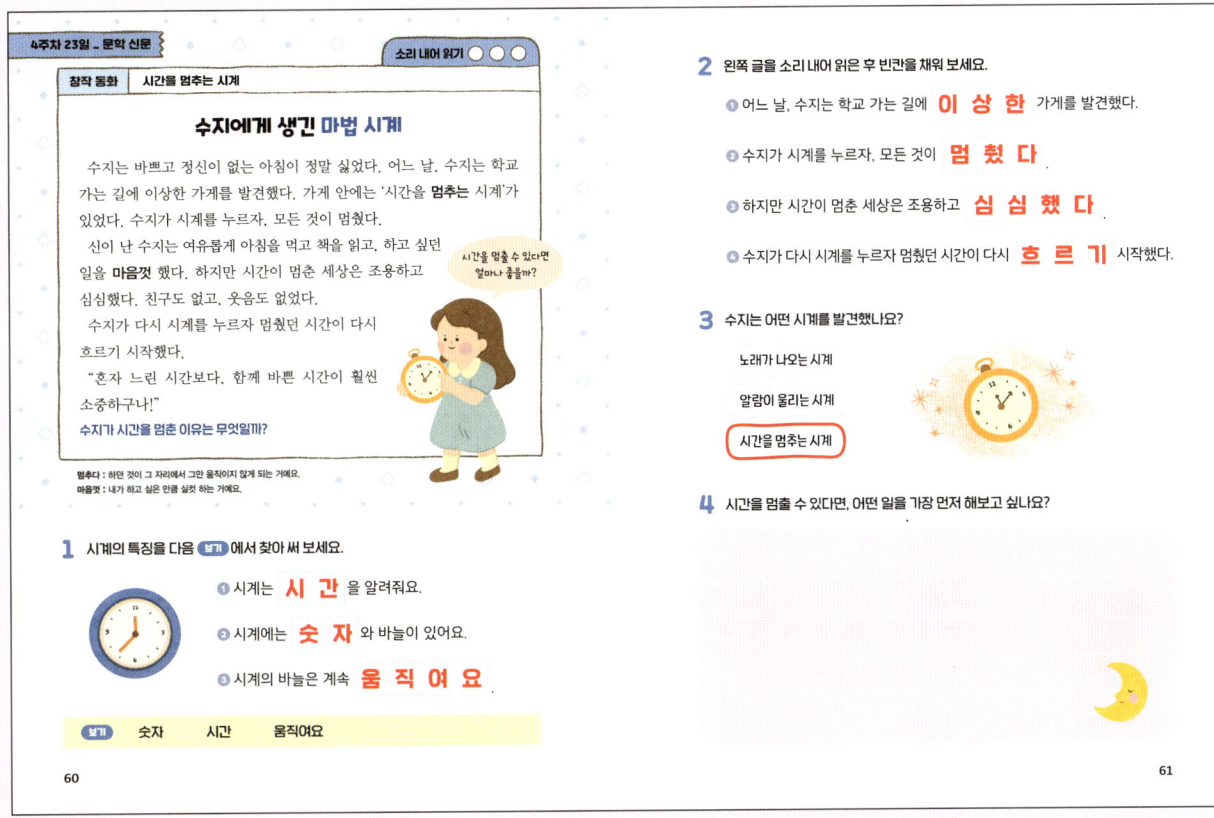

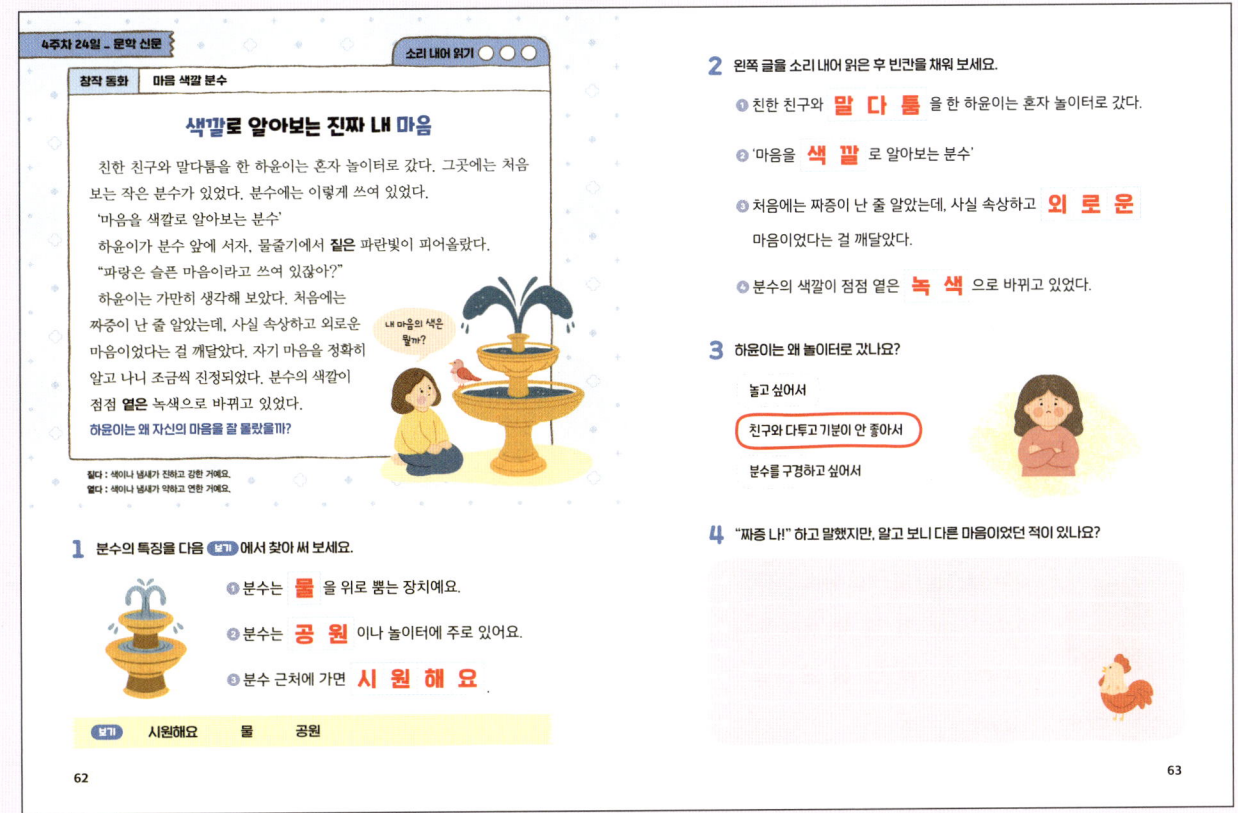

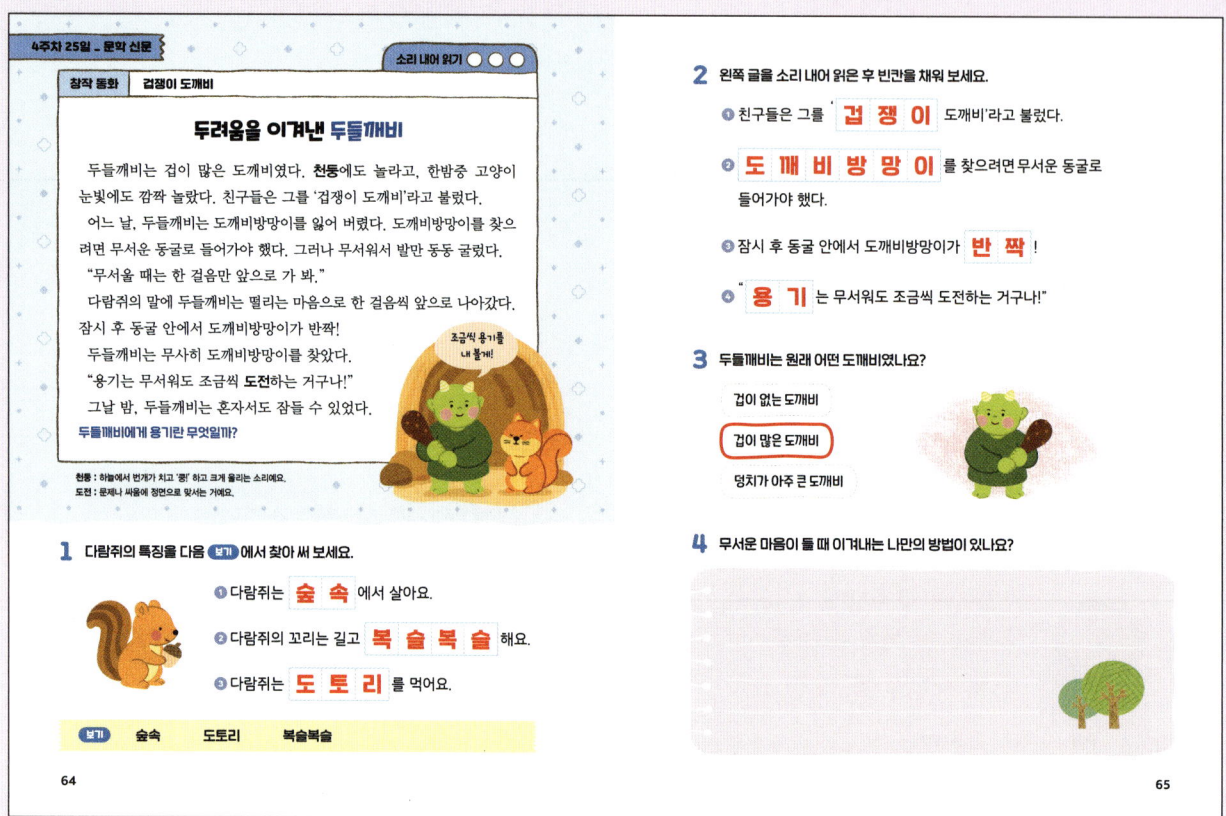

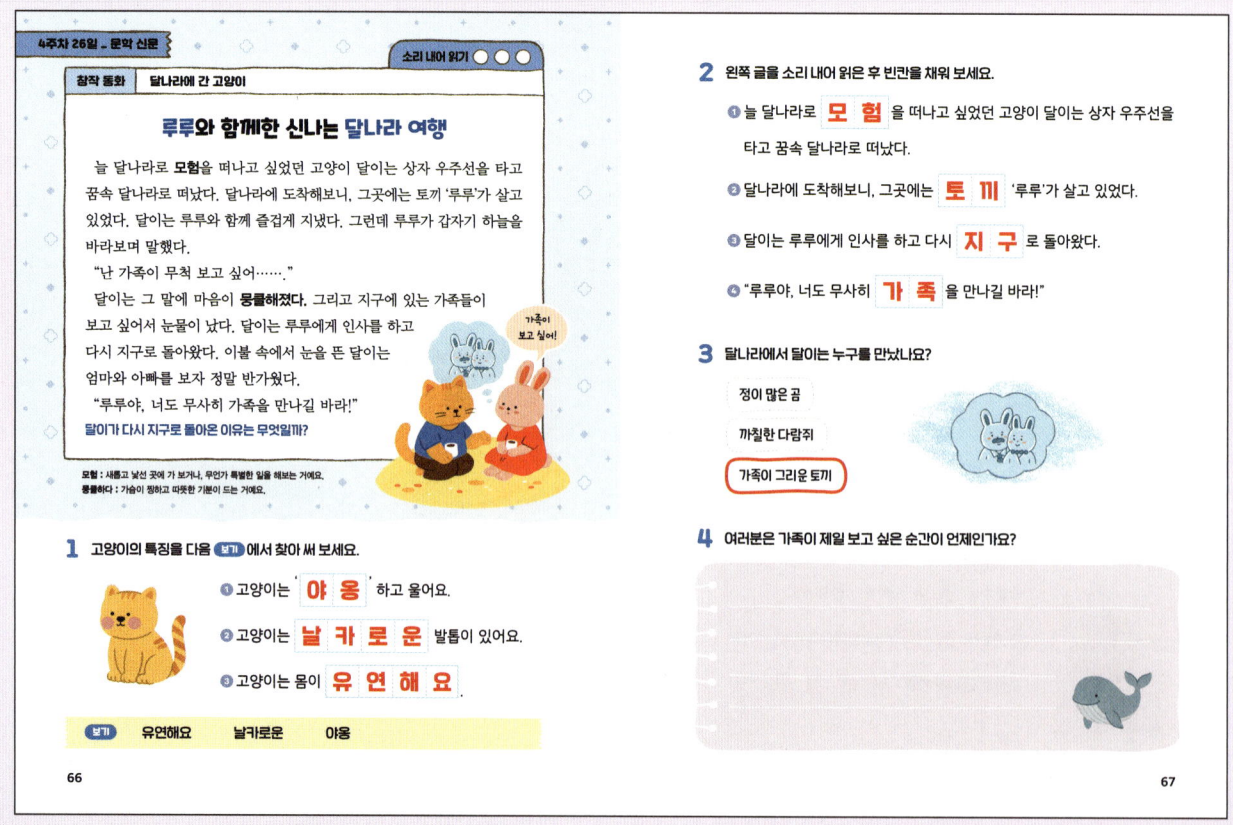

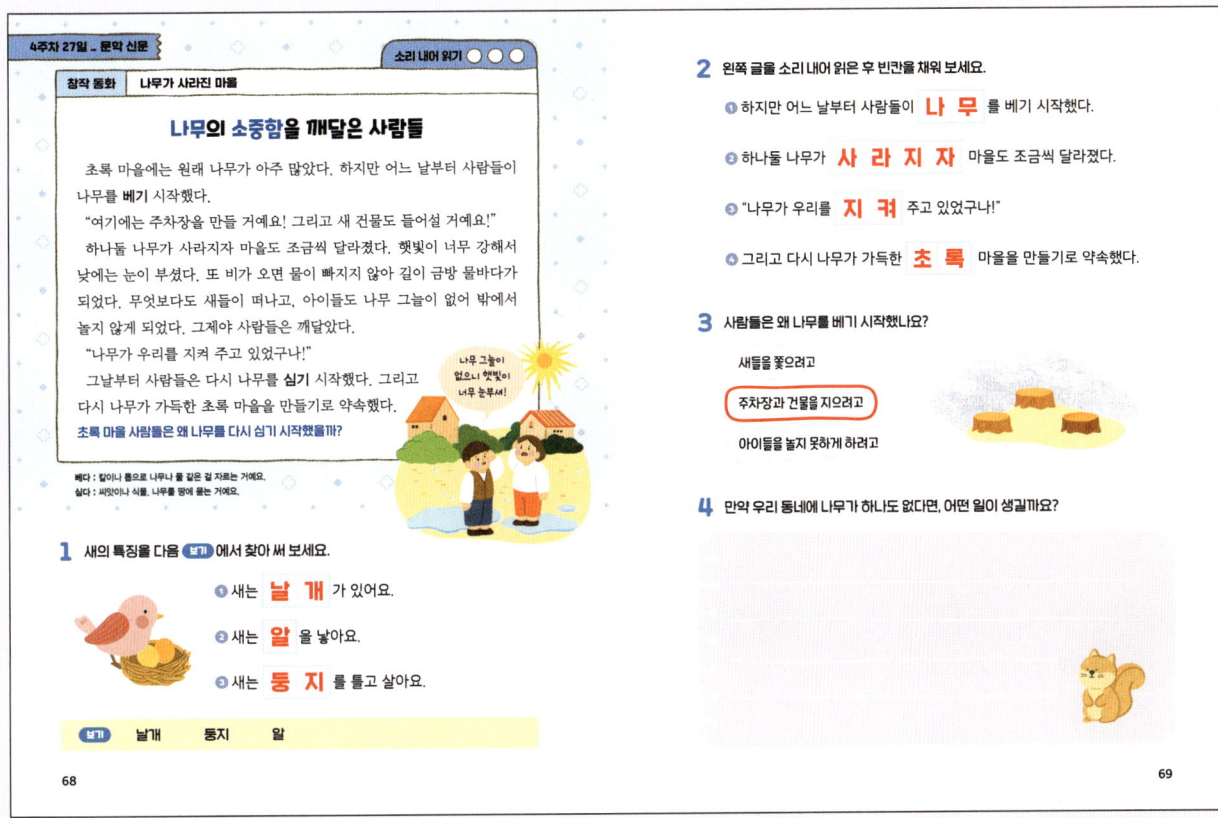

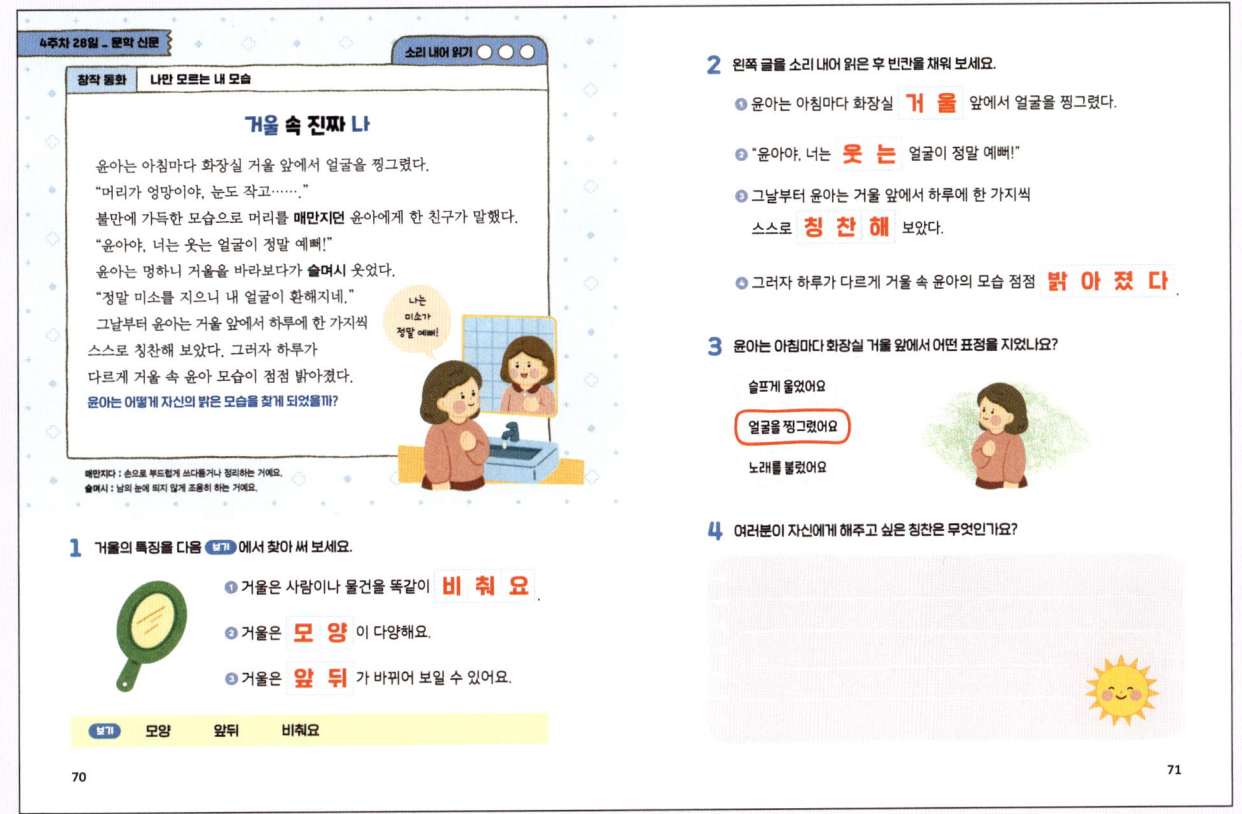

지은이 미래스쿨콘텐츠연구소

어린이의 눈높이에 맞는 교육 콘텐츠를 전문적으로 연구하고 개발합니다. 아이들이 책을 읽고, 생각하고, 표현하는 힘을 키울 수 있도록 독해·논술 중심의 문제와 학습 자료를 제작하고 있습니다.

본 연구소는 단순한 학습을 넘어 아이들이 즐겁게 배우며 자연스럽게 성장할 수 있는 방법을 끊임없이 탐구합니다. 특히, 국어 실력 향상과 사고력 발달을 최우선으로 하여 아이들이 스스로 질문하고 답을 찾아가는 힘을 기를 수 있도록 돕습니다. 앞으로도 아이들의 균형 있는 성장과 바른 학습 습관 형성을 위해 노력하며, 교육 현장과 가정에서 모두 활용할 수 있는 창의적이고 실용적인 콘텐츠를 제공할 것입니다.

그린이 달콩

따뜻한 일상을 그리는 일러스트레이터입니다. 미술을 전공한 후 다양한 기업과의 협업을 진행하며, 그림을 통해 많은 분과 이야기를 나누고 있습니다. 입시미술학원 부원장, 애플코리아 크리에이티브, '그림 챌린지&클래스'를 운영하며 창작과 교육을 함께 이어가고 있습니다. 그림은 거창한 사건보다도 햇살 가득한 오후, 바람에 흔들리는 꽃, 곁을 지켜주는 가족과 반려견 같은 소소한 풍경에서 출발합니다. 그림 한 장이 누군가의 하루에 작은 쉼표와 미소가 되어 따뜻한 온기를 전할 수 있기를 소망합니다.

@dal_kong1984
potato8875@naver.com

초판 1쇄 인쇄 2025년 9월 22일
초판 1쇄 발행 2025년 9월 26일

지은이 미래스쿨콘텐츠연구소
그린이 달콩
펴낸이 박수길
펴낸곳 (주)도서출판 미래지식
디자인 design ko

주소 경기도 고양시 덕양구 통일로 140 삼송테크노밸리 A동 3층 333호
전화 02)389-0152
팩스 02)389-0156
홈페이지 www.miraejisig.co.kr
전자우편 miraejisig@naver.com
등록번호 제 2018-000205호

ⓒ 미래스쿨콘텐츠연구소 2025

* 이 책의 판권은 미래지식에 있습니다.
* 값은 표지 뒷면에 표기되어 있습니다.
* 잘못된 책은 구입하신 서점에서 바꾸어 드립니다.

ISBN 979-11-93852-47-7 64700
ISBN 979-11-93852-46-0 (세트)

* 미래주니어는 미래지식의 어린이책 브랜드입니다.